龍（流）を良くすれば幸運は思いのままに手に入る

七色龍神《なないろりゅうじん》の開運インテリア

望月彩楓
Mochizuki Ayaka

扶桑社

ブックデザイン　喜來詩織（エントツ）
イラスト　赤間齊子

閑静な住宅街に響き渡る女性の悲鳴。いったい何が!?

伸代有子…

引っ越し後、何かとツイていない女の子。もっちー先生と出会い、人生が大好転!?

私、彼氏と同棲しようと思って、最近ここに引っ越してきたんです…
グスグス…
でも…でも…
同棲してすぐ些細なことでケンカして彼氏が出ていっちゃって…
うあぁあぁ
まぁ…
おかげで、仕事も手につかなくて、毎日ミスばかり…
グスン
ゔあぁあぁあん
あらあら
それと、引っ越し費用がかさんだせいでお金もないし…
グス グス
ゔおおおおぉ
…
それとそれと、なんだか肌もボロボロで具合も悪いんです…
ゔわわ〜ん
ゔおおぉおぉん
ゔぉ〜
…

もっちー先生…
スピリチュアルYouTuber。隣に住む有子の悲鳴を聞き、開運のコツを伝授する

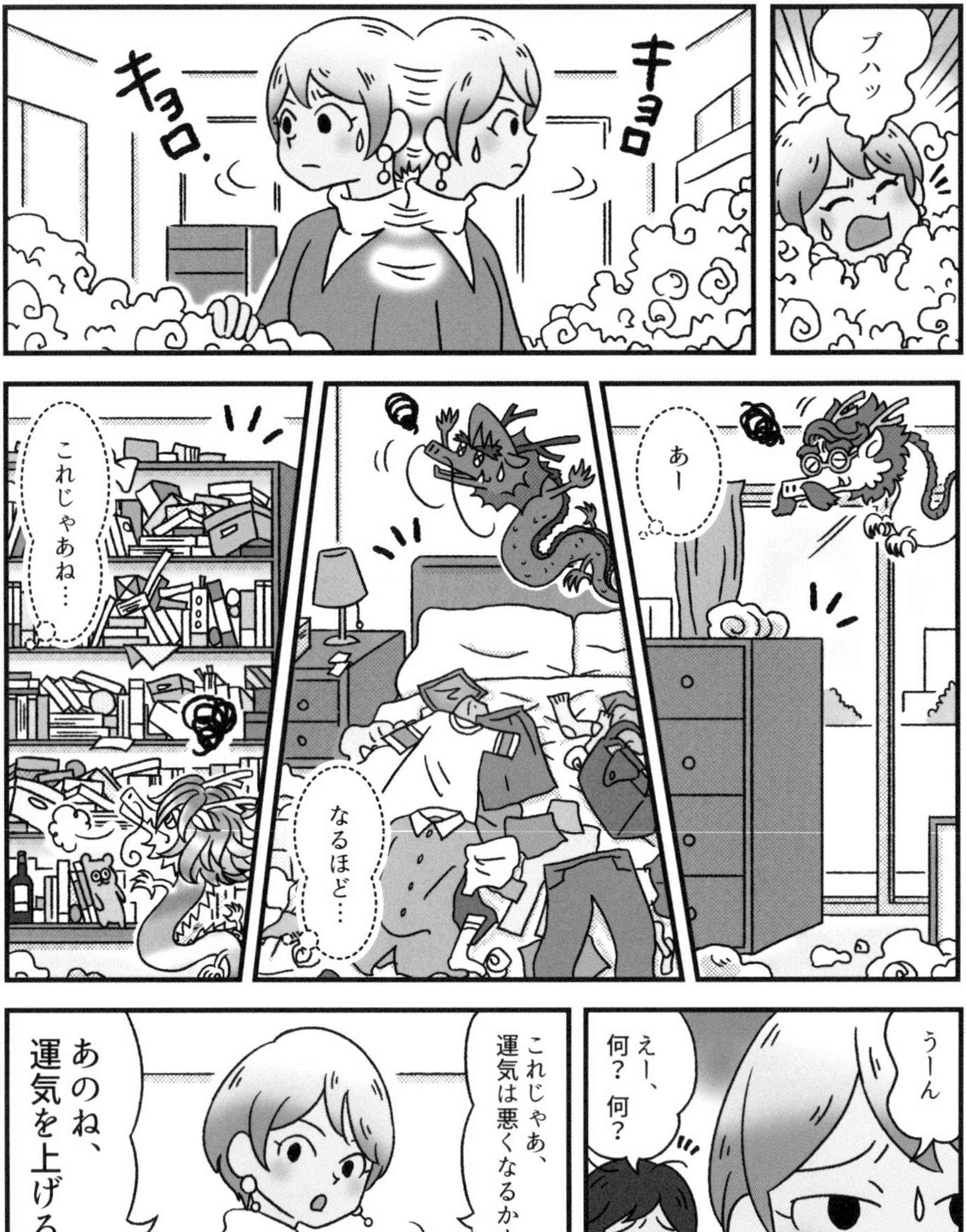

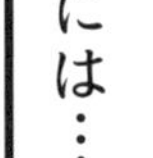

龍神…
指導霊的存在にして、運の流れそのもの。見た目や性格の違いで、7種存在する

龍神さんを味方にすることがとっても大事なの
龍神さんというのは、指導霊みたいな存在で、運の流れそのもの
だから、龍神さんにとって居心地のいい空間を作って、居ついてもらうと、良い運気が流れるってわけ
つまり、運気を上げる秘訣は、ズバリ家のインテリアにあるの！
へー
ボリボリ
ポロポロ
ポテト
おいっ！
話はわかったけど、じゃあどうすればいいんですか？
じゃあ、これも何かのご縁ね
特別に運気が爆上がりする龍神インテリア、教えちゃうわね！

もっちー先生のマンガが読めるのは『七色龍神の開運インテリア』だけ！

CONTENTS

第1章 龍神が開運を呼び込むワケ

第2章 お金持ちになるインテリア

第3章 仕事がうまくいくインテリア

第4章 良縁を引き寄せるインテリア

第5章 外見も内面も若く美しくなるインテリア

さあ、仕事だ仕事。

第 1 章

龍神が開運を呼び込むワケ

「龍神」という言葉を聞いたとき、
「おぉ、これは自分のための本だ！」とピンときた人、
「え、龍神って何……？」と思った人。
どちらの人も、まずは本章を読んでみてください！
私たちの運気に龍神がどう関わっているのか、
多くの人が知らない「龍の秘密」をお伝えします。

“運が良い人”になるために、龍神を味方につけよう！

突然ですが、みなさんに質問です！

「運の良い人」ってどんな人だと思いますか？


気がつくとチャンスをつかんで、大成功している人。

生まれついて才能や財産、地位、美貌に恵まれている人。

自分が「こうしたい」と思った方向に、人生が動いていく人。

人によって、いろんな答えが頭に浮かんだのではないでしょうか。


これまで私はスピリチュアルＹｏｕＴｕｂｅｒ「自分大好きもっちー」として、運の良くなるお話や夢の叶え方をはじめとするさまざまなお話を、世の中に発信してきました。

年々、私の動画を知ってくださる方も増えていて、２０２３年3月現在で総登録者数は40万人を超えています。ＹｏｕＴｕｂｅを通じて多くの方と交流する一方で、私は数多くの方々のカウンセリングも行ってきました。

本当に数えきれないほどの方々のカウンセリングを通じて気づいたのは、**運が良い人には、大きな特徴がある**ということ。

では、その特徴とは何か。

それは**「龍神さんが味方についていることが多い」**ということです。

ものすごく簡単に言うと、**龍神さんのメッセージに気がつき、その後押しを受け、きちんと行動している人は、誰でも自然と運気が良くなっていく**のです。

「いきなり龍の話をされたって、なんの話だかわからない!」と驚かれた方もいらっしゃるかもしれないので、簡単に龍神さんについて説明をさせてください。

人間には誰しも、その人を守り、サポートしてくれる守護霊のような存在がいます。なかでも、その人自身が自分らしく生きるため、才能や能力を引き出して指導してくれるのが、龍神さんをはじめとする「指導霊」です。

指導霊である龍神さんは、「自分らしく自然にスムーズに生きる」ためのサポートに特化しているので、人生の流れに逆行しているときは特に強いお知らせをくれます。

こうしたメッセージは、日々の生活のなかで、無意識に誰もがキャッチしているものです。

みなさんのなかにも**「なんだかこれは嫌な感じがするなぁ」「理由はよくわからないけど、これは大好きだな」「リスクはあるけど、こっちのほうがワクワクするからやってみたい!」**という感覚を抱いたことがある方は多いのではないでしょうか?

もう気づきましたよね。

実は、それこそが龍神さんからのメッセージなのです!

ときには、びっくりするほど物事がうまくいかなかったり、逆に何もかもが信じられないほどうまくいったりすることがありますが、これも龍神さんが「こっちに行ったほうがいいよ」「これはあなたにはあまり向いてないよ」と教えてくれるからこそなのです。

仮にその人が龍神さんの存在に気がついていなくても、**龍神さんたちは一度その人の味方になってくれれば、根気よくメッセージを送り続けてくれます。**運がいい人の多くは、そのメッセージを察知して、行動を起こす人なのです。

もっと言えば、「龍神」という存在自体は認識していなくても、無意識のうちに龍神からのメッセージを受け取って大成功を収めている人は決して少なくありません。

◎ 龍神の好むインテリアにすれば、運気はアップする！

さらに、もうひとつ。龍神さんの存在が人々の運気を上げてくれる大きな理由があります。

それは、**龍神さんたちそのものが大きな「運気の流れ」**である点です。

「運」は、誰か特別な人だけがつかめるものだと思いがちですが、実はいろんなところに流れる水路のようなもの。チョロチョロとした小川程度のものもあれば、大きな滝のようにドーンと勢いよく流れている場合もあり、勢いには大小あります。

そして、**数ある運気の流れの中でも、特大の運の流れを体現する存在が、龍神さん**なのです。

言うなれば、龍神さんは「運」を運ぶ大きな運河のようなものなのです。

運は水路と同じで、勢いよく運が流れる場所は運気が良くなるし、絶えずチャンスが舞い込みます。一方、水の流れがないところは水が淀むように、運気が流れないところは悪運がたまりやすくなってしまいます。

だからこそ、**大きな運河である龍神さんたちとしっかりとつながりがある人ほど、龍の持つ強い運気を受けられる**ので、結果的に運が上向くし、チャンスも増えるのです。逆に、龍神さんたちとのパイプがなくて、運の流れに逆らっている人は、どんなに才能があっても失敗してしまいます。

つまり、**龍神さんをより身近に感じ、味方にできるかどうかで、未来に大きな差が生まれてしまう**のです。

では、どうしたら龍神さんたちと強いつながりを持ち、運気をアップできるのでしょうか。

答えは簡単。龍神さんたちが喜ぶことをするだけです。

龍神さんを喜ばせるにはさまざまな方法がありますが、そのひとつが、龍神さんが好む形に家の空間を整えることです。

家の中のインテリアを龍神さんが好むものに変えて、「お、ここはなんだか気持ちがいい場所だな」と思ってもらえればしめたもの。家の中には良い運気の流れが生まれるし、龍神さんたちと自分の波長も合うようになっていきます。

すると、**自宅には絶えず運が流れ込むようになるし、その家に住むことで、その人自身も運のいい人になる**のです。

龍神さんとどんどん波長が合っていくことで、送られてくるメッセージにも気がつきやすくなるし、龍神さんが「よし、この人を応援しよう！」と、よりあなたの味方をしてくれるので、チャンスや機会にもどんどん恵まれるようになります。

◎個性も性格も得意分野もバラバラの七色の龍神

人にはさまざまな性格や個性があるように、人を導く龍神さんにも、次のような七つの種類があります。

・白龍　温和で寛容。人間関係を良好に保ってくれる。自分を大切にしない人に厳しい。
・黒龍　自分の世界を追求し、才能を開花させてくれる。寡黙だけど信念がある。
・金龍　行動力があって、新たな挑戦を応援してくれる。せっかちで人情派。
・銀龍　生活環境を整えてくれる。地に足が着いていて、落ち着いた性質。
・青龍　必要のないものをデトックスしてくれる。清廉潔白で曲がったことが嫌い。
・朱龍　情熱的で好きなものに一直線な人を応援。心を豊かにするものが大好き。
・虹龍　多様性を愛し、個性を大事にする。移り気だけど、ワクワクするものを好む。

この七種の龍神さんの一覧を見たとき、なんとなくピンとくるものがあった場合、もしかしたらその龍神さんが指導霊としてあなたの近くにいる可能性があります。

もちろん、いまの時点で、龍神さんの存在にピンとこなくても大丈夫！　星の数ほどある本のなかから、この本を手に取って、**龍神さんに関心を持った時点で、あなたと龍神さんの間には深〜いご縁が生まれている**はずですから。

詳しくは追って紹介していきますが、それぞれの龍には得意分野があります。

「いまの自分はこういう能力が必要だ」「これに困っているから、この龍に味方してほしい」と思ったときにエネルギーをもらうことができるし、一種類の龍神さんだけでなく、同時に複数の龍神さんの力を借りることだってできるんです！

もちろん本書で紹介されるすべての開運術を実践する必要はありません。**読みながら「これはよさそう」とあなたのセンサーが反応したものを取り入れるだけでも大丈夫**です。

それぞれの開運術には、どの龍神さんが関係するかも記載しています。逆に「この龍神さんと仲良くなりたい」という人は、ご自宅にその龍神さんが好むインテリアを揃えることで、ご縁を深めることができます。

龍神さんたちが好む環境を作り上げて、どんどん龍神さんたちのエネルギーを浴びれば、気がつくとあなた自身が最強のパワースポットになっているはず！

ぜひ、龍神さんを味方につけて、パワフルでハッピーな人生を歩んでくださいね！

七色の龍神ってどんな存在？

・・・・・知っておきたい特徴とスポット・・・・・

龍神さんを味方につけるには、それぞれの龍神さんの特徴を知っておくことが大切です。

ご自身の気になる龍の性格や性質、家の中でのお気に入りスポットなどをご紹介します。

白龍

司るもの ▸ 人間関係
性格 ▸ 全体を見渡す俯瞰力や包容力がある。ユーモアがあって穏やか
特徴 ▸ お茶目なおじいちゃんのような優しい存在。何か大切な情報や存在を世に広める力もある。政治家などは、この龍を味方につけている人が多い
好きなスポット ▸ 窓、書斎、クローゼット

黒龍

司るもの ▸ 才能
性格 ▸ 物静かでストイック。コツコツと目的を持って頑張る人を応援する
特徴 ▸ 内面にフォーカスさせて誰かの才能を引き出したり、精神世界を充実させたりするのが得意。瞑想時や睡眠時に、人にメッセージを与えることも多い
好きなスポット ▸ 寝室

金龍

司るもの ▸ 行動力・勇気
性格 ▸ 人情派でノリがよく、ややせっかち。新しいもの好きでミーハーな性格もある
特徴 ▸ その人の持つやる気や行動力を後押ししてくれる存在。新たなチャレンジをする人を応援してくれる
好きなスポット ▸ 玄関、リビング、クローゼット、メイクルーム

銀龍

司るもの ▸ 土地・環境
性格 ▸ 沈着冷静。義理に厚くて、聡明
特徴 ▸「自分の幸せは周囲の幸せがあってこそ」との考えに基づき、周辺の土地や地域を守りながら生活環境を整え、共に発展することを目指す
好きなスポット ▸ 蛇口やシンクなど水回りの光る部分、書斎、クローゼット

青龍

司るもの ▸ 浄化
性格 ▸ 神経質で潔癖症。曲がったことが嫌いで、不正や不実を許さないタイプ
特徴 ▸ 清流のような清らかさを持ち、心身を浄化してくれる。掃除や、独自のルーティンを継続する人をサポート
好きなスポット ▸ キッチンやバス・トイレなどの水回り

朱龍

司るもの ▸ 直感、情熱
性格 ▸ 強い情熱と信念を持つ。周囲にこびず、我が道を貫く孤高の存在
特徴 ▸ 自分の好きなことを主張し、情熱を持って行動する人を応援してくれる。心にある迷いを断ち切り、前に進む勇気をくれる
好きなスポット ▸ リビング、子ども部屋、メイクルーム

虹龍

司るもの ▸ 個性
性格 ▸ 変化自在で多様性を愛する。無邪気で好奇心旺盛だが、飽きっぽい
特徴 ▸ 多様性の時代に、視点を広げていろんな価値観を持ち、自分らしく生きるエネルギーを与えてくれる存在
好きなスポット ▸ リビング、子ども部屋

第 2 章

お金持ちになるインテリア

自分は金運が悪い。気がつけばいつもお金がない。
日々、そんな想いを抱えている人は、
もしかしたらお金を司る龍神さんの流れを
上手に引き寄せられていない可能性が高いです。
本章でご紹介するお金持ちになれるインテリアを活用して、
龍が生み出す「流」に乗っかりましょう!

金運を高めたいなら、まずは目標を持つこと！

金運には大きく分けて「貯める」「稼ぐ」「浪費をなくす」「投資する」の4つの種類があります。**お金を貯めたい場合は黒龍さん、新たに稼ぎたい場合は白龍さんと金龍さん、浪費をなくすには青龍さん、投資など資産価値を高めるには銀龍さんが、大きく関わってきます。**そのほか、抱える悩みによっては、朱龍さんと虹龍さんが必要になることもあります。

金運を高める上で、一番大切なのは、きちんと目的を持つことです。龍神さんは目的意識を大事にするので「なんとなく100万円貯めたい」などというあいまいな想いでは力を貸してくれにくいのです。「子どもの教育資金に100万円貯めたい！」「家族でハワイ旅行に行くから100万円欲しい！」など、**より具体的な金額や用途を決めて行動するほど、龍神さんは味方してくれる**はず！

特に重要な龍神
白龍
黒龍
金龍
銀龍
青龍
特に関係する場所
玄関
窓
キッチン
書斎
窓
リビング
窓
窓
ベランダ
全体
家具・インテリア
持ち物
出入りの激しい玄関は特に注目！

お金 01

リビング

金持ち体質になるにはリビングのカーテンを上質なものに替えよう

関係する龍神 ＝ 白 黒 金 銀 青 朱 虹 ＝

お金をたくさん使っているのに、次々と新たなお金が入ってくる。そんな**お金持ち体質の人は**、**お金の循環を良くする金龍さんと人間関係を通じてお金を呼び込む白龍さんを上手に味方にしている人が多い**です。

金龍さんと白龍さんにとって居心地のよい空間を作って、お金をうまく引き寄せたい人におすすめなのは、**思い切って家のカーテンを替える**こと！　占める面積が大きいインテリアほど、部屋の雰囲気に影響を与えるので、カーテンは部屋を龍神さん好みに変化させるにはぴったりのアイテムです。なお、金龍さんはゴージャスなものが大好きだし、白龍さんは**上質なものが大好きなので**、**素材は上質なシルクや天然素材の布地などがおすすめ**です。

全部屋のカーテンを一新できるとベストですが、難しい場合は、**まずは家の中の中心となるリビングのカーテン**を替えてみましょう。予算的に厳しいときは、カーテンを束ねる「タッセル」を高級なものにするのもいいでしょう。

NG

安っぽくて薄い生地を使ったカーテンや汚れたカーテンを、そのまま使用するのはNG。カーテンが安っぽかったり汚れていたりすると、龍神が嫌がって近寄ってくれない可能性があります！

お金 **02**

書斎

借金を減らしたいなら誰にも邪魔されないマイスペースを作ろう

関係する龍神 白 黒 金 銀 青 朱 虹

家や車、教育資金など、大きなものを手に入れる際にはローンは必須。借金自体は悪いものではありません。ただ、計画性のない借金を重ねて困っている場合は、自分にとって大切なものがわかっておらず、いらないものについお金を払ってしまうので、足りなくなるのかもしれません。

そこで対策として、黒龍さんの力を借り、「自分はなぜ借金をしてしまうのか」「自分はどんなふうにお金を使うべきか」などといった内面を掘り下げていきましょう。考えがまとまれば、計画的に借金返済する行動に移れるはず。

黒龍さんに借金返済をサポートしてもらうため、やってみてほしいのが、家の中に自分だけのスペースを作ること。黒龍さんは自分の世界を掘り下げる人を応援してくれます。**その空間で瞑想したり、時間を過ごしたりすると、黒龍さんのサポートを受けて、頭の中が自然と整理されていきます。**「自分だけの部屋を作るのは無理！」と思うかもしれませんが、わざわざ部屋を確保しなくて大丈夫。**好きな本や雑貨が置ける棚や自分用のデスクを置いたり、衝立を置いて空間を仕切ったりするだけでOKです。**家族と一緒に住んでいる場合は「ここは私の空間ね」と伝えて、他の人のものが紛れ込まないように心がけてください。

お金 03

玄関

たくさんのお金を呼び込みたいなら玄関はキレイに！

関係する龍神＝白黒金銀青朱虹＝

お金持ちの家に行くと、だいたいどの家も玄関がキレイです。逆に玄関が汚い家は、なかなかお金とご縁がないもの。

その理由は、龍が入ってくるのが玄関だからです。**玄関が汚いと、龍神さんからは「この家には入りたくないなぁ」と思われて、避けられてしまいます。**そして龍が通らなくなった家は、運気が淀むため、自然とお金の流れも滞ってしまいます。たくさんの**お金を呼び込んで、循環を良くしたいならば、玄関は常にキレイにキープ**しましょう。

忙しくて部屋全体を完璧には掃除できないという人は、最低限、玄関だけでもキレイにしておけば、龍が金運を連れて家にやってきてくれます。

なお、**家の玄関にリノリウムや石などの反射する素材を使っている場合は、さらに金運を呼び込むチャンス！**ピカピカと光るものは龍の中でも金龍さんが特に好きなので、玄関の床を反射するくらいキレイに磨き上げておけば、より強力な金運を招いてくれるはずです。

ATTENTION

玄関が龍の入り口ならば、出口となるのがベランダや窓。ここが汚いと、龍が気持ちよく出ていくことができず、運が循環されません。定期的に掃除することで、運を引き寄せることができます。

お金 04

玄関

いっぱい貯金したいなら玄関に観葉植物を置こう

関係する龍神 白 黒 金 銀 青 朱 虹

貯金をしたい気持ちはあるのに、モチベーションが上がらなくて、気づけば財布のひもが緩んで散財。いつまでたっても貯まらない……。そんなときは、目標達成に向けて頑張る人を応援する黒龍さんの力を借りましょう！

黒龍さんを味方につけながら無理なく貯金を成功させるためにおすすめなのが、玄関に観葉植物を置くことです。

観葉植物は、土にしっかり根を張るものであれば、基本的にはなんでもOK。黒龍さんは「龍穴」と呼ばれるエネルギースポットが大好き。**観葉植物のように土に根を張る鉢植えは、黒龍さんが大好きな「龍穴」と同じような作用がある**ので、龍を呼び込む入り口である玄関に観葉植物を置くと、黒龍さんが喜んで寄ってきて、目の前の目標達成を手伝ってくれます。お金持ちの家の玄関にはよく観葉植物が置いてありますが、実はとても理に適っているんですね。

ひとつ注意したいのは、「お金を貯めたい！」という気持ちだけでなく、目標額や期日、用途も決めること。用途は教育資金や引っ越し費用、あるいは「ブランド品が欲しい」なんてことでも大丈夫。「何のためにいつまでにお金を貯めるのか」という目的意識を強く持つほどに、黒龍さんは「よし、サポートしよう！」と頑張ってくれます。

お金 05

玄関

マイホーム購入を成功させたいなら靴はピカピカに！

関係する龍神
白 黒 金 **銀** 青 朱 虹

憧れのマイホームを手に入れるなら、ご近所トラブルもなくて、周囲の環境も良くて、できれば将来的にはその地域全体の資産価値が上がるような物件を選びたいもの。そんな良い家との出合いを応援するのが、銀龍さんです。

銀龍さんは近くの生活環境を改善し、自分が持っているものの資産価値を高めてくれる力があります。だからこそ、家探しではぜひ銀龍さんの力を借りたいところです。

銀龍さんに良い家との出合いを応援してもらう上で、おすすめなのが靴をピカピカに磨くこと。銀龍さんは光っているものが好きで、汚れたものが嫌いです。泥や汚れをきちんと落としてピカピカに磨き上げた靴が並ぶ玄関は、銀龍さんも喜んで入ってくれます。また、**靴自体が土地と深く関連するアイテム。銀龍さんの御加護を受けたキレイな靴で物件巡りをすることで、その土地との縁も深まります。**

物件巡りで出合った家を思い出しながら靴を磨いていると、銀龍さんが「ここの家がよさそうだよ」「ここはおすすめしないかな」などとインスピレーションをくれることも。

マイホームが見つかった後も靴磨きを続けると、銀龍さんがその家や土地の価値を磨き上げてくれるので、気がつけば資産価値も上がっていくはずですよ！

お金

06

キッチン

お金の循環を良くするために、蛇口や鍋を磨こう

関係する龍神
白 黒 金 銀 青 朱 虹

キッチンなどにある光りモノは、汚れや水アカでくすんだままにするのはもったいない！

ステンレスのキッチンや鍋、蛇口やシャワーヘッドなどを磨いてピカピカにすると、水場が好きな青龍さんと光るモノが好きな銀龍さんのサポートを受けられるので、お金の循環が良くなります。

青龍さんにはムダな消費をなくす力、そして銀龍さんには価値を増やす力があるので、手元の支出が減り、さらに資産がどんどん増えていきます。ピカピカでキレイな水場が保たれるほどに、お金の循環が良くなっていきますよ。

お金

07

キッチン

お金が貯まる人ほど掃除用具や洗剤ボトルはキレイにキープ！

関係する龍神
白 黒 金 銀 青 朱 虹

キッチンなどに置いてある掃除用具や洗剤ボトルも金運の要です。「スポンジを買い替えたのはいつだっけ？」などと思い出せない人は、いますぐに買い替えを！清潔な場を好む青龍さんや本質を大事にする白龍さんから怒られてしまいます。反対に、**掃除用具をキレイにキープしておけば、「よくやってるね」と褒めてくれて、そのご褒美に白龍さんがお金を増やし、青龍さんがムダを削り、お金を貯めるお手伝いをしてくれます。**

掃除用具がキレイになれば、掃除へのモチベーションもアップして、さらなるお金の好循環が生まれます。

お金 08

キッチン

お金の不安を消したいときは、クリスタルのグラスを使おう！

関係する龍神
白 黒 金 銀 青 朱 **虹**

「急にお金が足りなくなったらどうしよう」

「解雇されて収入がなくなったらどうしよう」

現時点でお金に困っているわけではないのに、お金に関する不安が頭から離れない。そんな状況に陥ってしまうのは、きっと自分に対する自信が不足していることが要因です。そんなときこそ、虹龍さんの出番！　多様性を認める虹龍さんは「あなたの持っている唯一無二の個性や可能性って、本当にすごいんだよ！」と訴えて、自己肯定感を高めてくれる、とってもハッピーな存在です。**虹龍さんのサポートを受ければ、自然とお金にまつわる不安も消えていく**はず。

そんな虹龍さんが好むのが、さまざまな色が混じったレインボーなアイテム。**クリスタルグラスや光沢のある金属グラスなどを取り入れると、あなたが突き進む人生を喜んで応援してくれる**はず。また、レインボーに光るグラスを使うたびに、虹龍さんからの「不安を持ち過ぎなくていいんだよ」という応援メッセージを受け取れるはずですよ。

POINT

特におすすめなのが、バカラのクリスタルグラス。でも、ちょっと予算的に厳しいという方は、虹、光の反射、ピカピカ、レインボーモチーフのマグカップやグラスでもOKです。

お金 09

窓・ベランダ

お金を呼び込むなら1部屋に1窓確保しよう

関係する龍神＝白 黒 金 銀 青 朱 虹＝

家具やモノが多いと、ついつい窓やベランダをふさいでしまうことがありますが、**1つの部屋につき1個は窓を確保しておくのが龍神を味方につけるコツ**です。

家の玄関から入ってきた龍は、窓やベランダから外に出ていって、金運をはじめとする良運を連れてきてくれます。でも、**窓がふさがっていると、せっかく家に入ってきた金運が出口を失ってしまい、流れや勢いが停滞**してしまいます。逆にいえば、どんなに小さい窓だとしても、部屋に1個でも窓があるなら問題ありません。

ただし、**窓が汚いままはNG！ たまにでいいので、窓ガラスをキレイに磨き上げると、清浄なものを好む龍神さんたちが喜びます。「金運を呼び込んでください」とお願いしながらガラスを磨くと、快くサポート**してくれます。

また、窓を確保したら、週に1回程度は、玄関から窓までの龍の通り道を開放しましょう。良い風と共に龍が家の中を駆け抜けて、金運をぐるぐると循環させてくれます。

POINT

廊下も階段も同じく龍の通り道です。せっかく玄関で龍と一緒に入ってきた良い気を迎えても、廊下や階段がホコリだらけだと運気が滞ってしまうので、定期的なお掃除を心がけて！

お金 10 窓・ベランダ

欲しいものがあるなら お願い事は ベランダか窓辺で！

関係する龍神＝白 黒 金 銀 青 朱 虹＝

どうしても欲しいものがある。どうしても行きたい場所がある。でも、お金がなくて手に入らないし、実行できない。そんなときは、窓辺やベランダに立って、周囲を駆け巡る龍神さんたちに向かってお願いをしてみましょう。

玄関から入ってきた龍神たちは、家の中を通り抜けて、窓やベランダから外に出ていきます。そのタイミングに「どうしてもこれを手に入れたいので、手伝ってください！」とお願いすると、一度外に出た龍神さんが家に戻ってきたときに、そのお願い事を叶える上で必要な運やチャンスなどを持ち帰ってくれるのです。だからこそ、お願い事をするなら窓かベランダがおすすめなのです。

なお、**家に複数のベランダや窓がある場合は、龍神さんが入ってくる玄関から最も遠い場所で行うのがベスト**です。

龍神さんへのお願いは1回だけではなく、**できれば毎日のように繰り返す**ほうが効果は高まります。何度も繰り返しお願いすることで、龍神さんも「これは真剣な頼み事なんだな」と真面目に受け止めてくれます。そして、そのお願い事を叶えようと一層真剣に動いてくれる可能性が大。

もしも願いが叶ったときは、「これは龍神さんが叶えてくれたんだな」と意識して、きちんとお礼を言うのも忘れずに！

お金

11

全体

家計の赤字を防ぐなら床はキレイに保つ!

関係する龍神
白 黒 金 銀 **青** 朱 虹

家計が毎月赤字になる人は、「何が自分にとって必要で、何が自分にとってムダなのかがよくわからない」という迷子のような状態に陥っているのかもしれません。

ここで力を借りたいのが、ムダなものをそぎ落としてくれる青龍さんの存在です。青龍さんはキレイ好きで、整理されてない状態が大嫌い。特に嫌うのが、床にモノが散らかっているようなカオスな環境です。**床にモノを置かないように心がけると、青龍さんのエネルギーが家に満ち渡り、ムダなものにお金を払うのをストップしてくれます。**

また、**床の上に放置されているモノは、買ったけれども開封してない段ボール箱や買い物袋、置き場がなかった雑貨やゴミなど、実はそもそもあまり必要ではないモノであることも多い**です。**これらを一度整理してみる**ことで、自分の中で必要なものがわかり、ムダ遣いも減ります。すると、青龍さんがますます喜んで、よりムダ遣いに注意してくれるため、気がつけば赤字が解消されているはずです。

MORE

家の床にモノを置く癖がある人は、ルンバなどのお掃除ロボットを導入して。お掃除ロボットは床にモノがあると使えないので、自然と床にモノを置かなくなるし、床もキレイに。一石二鳥です!

お金

12

家具・インテリア

老後が心配な人は、大きな家具を捨てて思考をリセット！

関係する龍神 白 黒 金 銀 青 朱 虹

年金や老後資金など未来にまつわるお金が心配な人は、末広がりに先々の繁栄をもたらしてくれる白龍さんに助けを求めましょう。

白龍さんは余白のある環境が好きなので、古い洋服ダンスや大きすぎるダイニングテーブルなど、使っていない家具を思い切って捨ててみて。モノが多いと部屋の中の気の流れが悪くなるし、視野も狭くなりがち。反対に**部屋に余白を生み出すことで、白龍さんの御加護が得られます。**また、不思議と思考も整理され、「自分は老後資金にどんな心配を抱えているのか」がわかるので、対策も見えてきます。

お金

13

家具・インテリア

ギャンブル運をUPするならクラシックを聴こう！

関係する龍神 白 黒 金 銀 青 朱 虹

宝くじや競馬などで、**ここ一番の勝負に勝ちたいときは、七色龍神の中でも特にギャンブル運を高めてくれる金龍さんからエネルギーをもらいましょう。**

金龍さんは、キラキラ輝く太陽の光やゴージャスな雰囲気が漂う空間が大好き！　だから、**宝くじや馬券などを買う前には、キラキラと輝く太陽の光を浴びながら、クラシックのオーケストラ音楽などを流したゴージャスな空間で、「宝くじが当たりますように！」などと願掛けを。**すると、金龍さんの御加護を受けて、ギャンブル運もアップして、どんどんツキが訪れるはずです。

お金

14

家具・インテリア

見栄消費が多い人はアースカラーのインテリアが◎

関係する龍神
白 黒 金 銀 青 朱 虹

自分がお金を出さなくてもいい場面で、つい見栄を張って、気前よくお金を出し過ぎて後悔する……。

旅行
いきたい。
車
買いたい。

そんな悪循環に陥りやすい人は、黒龍さんからのサポートを得るため、**アースカラーのインテリアをプラス**してみてください。

大地の色と言われるアースカラーは、黒龍さんが大好きなアイテム。できれば、**クッションやラグなど、自分の気持ちが落ち着く手触りのものを揃えるのがおすすめ。**心地いい空間を作って、内面を見つめ直せば、質実剛健な黒龍さんが見栄心を抑えてくれて、ムダな支出も減っていきます。

お金

15

家具・インテリア

お小遣いを増やすにはゴージャスなロココ調家具を置こう

関係する龍神
白 黒 金 銀 青 朱 虹

自由に使えるお小遣いを増やしたいときは、お金の入りを増やしてくれる金龍さんを呼び込みましょう。

おまたせしました。
これ、取っといて。
スッ
サッ

金龍さんはとにかく勢いを大事にする龍神さんで、お金をたくさん呼び込み、たくさん使わせるのが大好きです。そんな**金龍さんが好むのが、ゴージャス感のあるロココ調な家具やインテリア**。ベルサイユ宮殿に置いてありそうなキラキラした豪華な家具などがあると、金龍さんも大喜び。「もっとこういうピカピカした家具を増やして、居心地のよい空間にしてほしい！」と言わんばかりに、お小遣いに使えるお金の流れを増やしてくれますよ。

お金

16

持ち物

投資運を上げるには銀色のペンを使おう

関係する龍神 ═ 白 黒 金 銀 青 朱 虹 ═

さまざまな土地やモノの資産価値を高める銀龍さんは、投資運を司る存在です。

投資運をアップするためには、銀龍さんの好きなピカピカに光る銀色のペンを手に入れるのがおすすめです。高価なものでなくともかまいません。**契約書や書類に自分の名前などをサインするときに、そのペンを使う**と投資運が巡ってきて、契約時よりも資産価値を高めてくれます。

MORE

ペンに自分の名前を入れると、銀龍さんが持ち主と認識してくれて、御加護が強まります。

お金

17

持ち物

借金を断ち切りたいときは持ち物に鈴をつけよう

関係する龍神 ═ 白 黒 金 銀 青 朱 虹 ═

身内や親しい人から借金を頼まれると断りづらく、その後の人間関係にも悪影響が生まれがちなので、できれば関わりたくないものです。

お金がらみの困った縁を断ち切りたいときは、お財布や鍵、バッグなどにチリンと鳴る鈴をつけてみてください。

鈴は、清浄な空間を好む青龍さんが大好きなアイテムです。**青龍さんは金銭関係がルーズな人には手厳しいので、「この人にとってプラスにならないな」という人間関係をどんどん整理してくれます。**また、鈴の音自体にも邪気払いの作用があるので、嫌な縁を断ち切る効果もあります。

COLUMN 1

金運がアップする財布の色は何色？

お金の流れの起点となる「お財布」をどんな色にするかで、龍の及ぼす影響力も変わります。**お金を貯めたい人には、黒龍さんのサポートを受けやすくなる黒の財布がおすすめ。**黒龍さんは目的達成のために頑張る人を応援します。「貯金しよう」という目的を持って財布を買えば、余計な出費を抑えてくれる上、自然と節約志向になるので、お金が貯まりやすくなります。

いま以上にお金の循環を良くしたい人は、金龍さんを味方にするため、金色のお財布を手に入れてください。金龍さんは行動力のある人が大好き。お金に関しても、行動する上で必要なお金が手元に転がり込むように調整してくれます。たとえば、「海外旅行に行きたい」という人にはその旅行費用を呼び込んでくれます。ポイントは、お金が入ったらきちんと目的達成のために使うこと。貯め込むと、循環が途絶え、金運も滞ってしまうのでご注意を！

黒色の財布を使うと ムダ遣いが少なくなる

財布を買う際は「この財布が物欲を止めてくれる！」と意識しながら選んで。電子決済が多い人は、スマホケースを黒にするのも◎。

金色の財布を使うと 収入も支出も多くなる

「トレンドのスポットに行く」「最新型のガジェットを買う」などミーハーな行動をとると、金龍さんとのシンクロ率がよりアップします。

第3章

仕事がうまくいくインテリア

人間関係や集中力、アイデア力など
いろんな要素が絡む仕事運。
いま自分がどんな課題を解決したいかによって、
龍神さんたちとの波長の合わせ方も変わります。
インテリアを通じて龍神さんを味方にして
ぜひ仕事運をアップさせてくださいね！

仕事で結果を出すなら白・黒・金の龍を意識！

仕事で結果を出したり、ビジネスを軌道に乗せたり、職場の人との人間関係を円滑にしたり。仕事運にはさまざまな龍神さんが関わってきますが、特に存在感を持つ龍トップ3は白龍・黒龍・金龍です！

人間関係の調和を保つ白龍さんと波長が合えば、重要な役職に大抜擢されたり、同僚やお客さんに好かれたりと、仕事の人間関係が円滑になります。**ストイックさを持つ黒龍さんのエネルギーを受けられれば、目的達成や集中力アップ、才能開花などの効果が。**また、仕事はお金を稼ぐ手段なので、**金運とご縁が深い金龍さんから強いパワーをもらえれば、仕事で出世したりと、成功を収めることもできる**かもしれません。

なお、紹介するテクニックは、夫や子どもをはじめ、周囲の人にも応用可能です。家族の出世や仕事での成功を願うときも、ぜひ実践してみてくださいね！

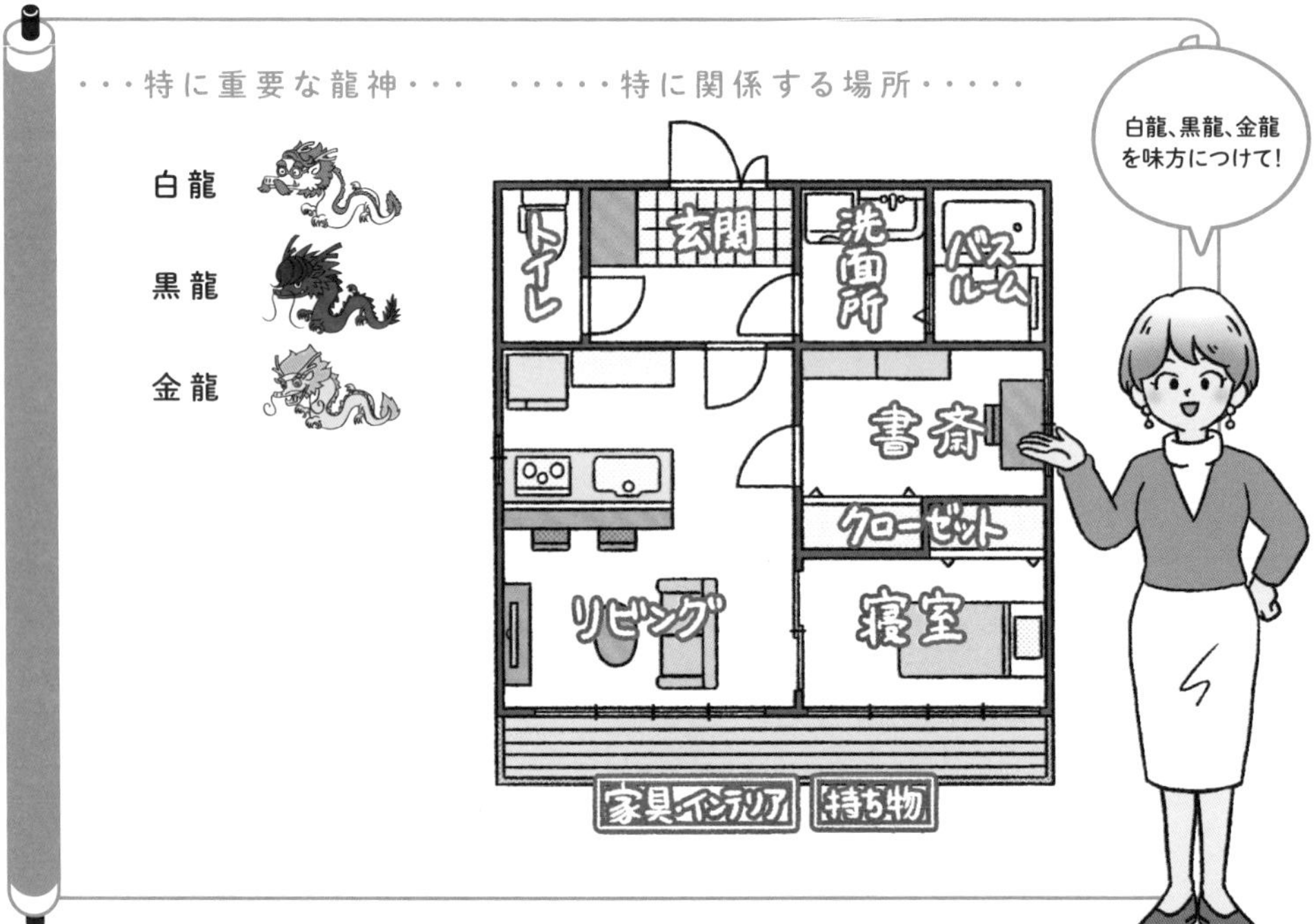

・・・特に重要な龍神・・・
白龍
黒龍
金龍
・・・・・特に関係する場所・・・・・
トイレ
玄関
洗面所
バスルーム
書斎
クローゼット
リビング
寝室
家具・インテリア
持ち物
白龍、黒龍、金龍を味方につけて！

仕事 01

リビング

転職を成功させるなら こだわりの箸を 新調しよう

関係する龍神＝白黒金銀青朱虹＝

転職を考えたとき、誰しも「本当に前の職場よりもいい職場なのか」「次の職場でうまくやっていけるのか」など、次から次へといろんな不安が頭に浮かぶものです。**新たな職場へと飛び出すための勇気と自信が必要になったとき、頼りになるのが、行動力を司る金龍さん**の存在です。

金龍さんに転職が成功するように後押ししてもらうには、日頃使っている箸を思い切って新しくしてみましょう。食べ物を口に運ぶ道具である箸は、日々の糧を得る仕事にも通じるものです。仕事と一緒に箸も替えることで、糧にする職場が替わることを金龍さんに伝えましょう。

箸選びのポイントは、前に使っていた箸よりもグレードアップさせること。箸をさらに高級なものにすると、「その箸に見合う成功を得られるように」と金龍さんが配慮してくれ、前職よりも良い成果が得られるようになります。

素材は、金龍さんが好きな金箔や螺鈿《らでん》を使った高級感のあるもののほうが、喜ばれます。そして何より大切なのは、あなた自身が気に入って、「この箸が肌に馴染むな」と思える箸を選ぶこと。**「この箸でご飯を食べたら、自分が仕事で成功しているイメージが抱けそうだな」と思えたら、金龍さんもその想いを後押ししてくれます。**

仕事 02

書斎

アイデア力をUPするには机の上にカラフル文具をセット

関係する龍神 ＝白黒金銀青朱虹＝

大きなプロジェクトや新規の企画を任されたときや、**職場で創造力やアイデアが求められたとき。力を引き出してくれるのが、個性を司る朱龍さんとクリエイティビティの源である虹龍さん**です。そんな2種類の龍を引き寄せて、**自分の中にある創造力を活性化するのにぴったりなのが、カラフルな文具**です。なかでもおすすめはフェルトペン！

朱龍さんが好きな赤いペンはもちろん、虹龍さんが好むカラフルないろんな色のペンを用意して、メモを取ったり、企画書を書いたり、スケッチをしたり……。私自身もイラストを描くとき、カラフルなペンを使うのですが、ｉＰａｄでの制作がはかどらないときは、先にカラフルペンを使ってラフを描くほうがうまくいきます。

カラフルなツールに引き寄せられた朱龍さんと虹龍さんのエネルギーに引っ張られ、「誰も考えたことのないものを作りたい！」「新しいことに挑戦したい！」というオリジナリティやクリエイティビティが高まっていくはずですよ！

POINT

特にペンを使わないという人は、カラフルなペンが詰まったペン立てを、インテリア的に部屋に置いておくだけでもOK。朱龍さんと虹龍さんのエネルギーを受けて、創造力がアップしていきます。

仕事 03
書斎

ミスを減らすには仕事部屋の照明をワンランク明るく！

関係する龍神＝白 黒 金 銀 青 朱 虹＝

気持ちがぼんやりして、どうしても仕事で失敗が続いてしまう。気をつけているつもりなのに、いつもよりもミスが多い。そんなときは、何か別のことに気を取られ、心になんらかの不調が生まれている証拠です。人間ならば、ときにはそんな状況に陥るのは当たり前のこと。絶対に自分を責めないことが大切です！　深呼吸して気持ちを切り替えたら、自分の心の迷いをじっくりと見つめ直しましょう。

そんなとき頼りになるのが、物事を俯瞰《ふかん》する力を持つ白龍さんの存在です。**白龍さんを味方にして、仕事のミスを減らすために実践してほしいのが、仕事部屋で使っている照明を、より白くて明るいものに替えること。**たとえば、**オレンジ色で温かみのある「電球色」の照明を使っている人は、室内がもっとクリアに見える「昼光色」**を使ってみる。**間接照明だけなら、デスクライト**を設置してみる。すべて明るく照らす白い光に包まれることで、心理的な迷いもなくなる上、視覚的なミスに気づきやすくなります。

MORE

白龍さんは〝空〟にいることが多いので、流れを取り入れるには太陽の光を浴びるのもおすすめ！　天気が良い日は、太陽の光をしっかり仕事部屋に取り入れて、白龍さんのエネルギーを吸収しましょう。

仕事 04
玄関

仕事で結果を出すなら金箔×黒の皿を玄関に置こう

関係する龍神 白 **黒 金** 銀 青 朱 虹

仕事で大きな成果を出したいときは、目標に対してストイックな黒龍さんと行動力を促す金龍さんのエネルギーが必要です。**２種類の龍神さんを引き寄せるため、龍の入り口である玄関に金箔を貼ったお皿を置いてみましょう。**高いものでなくて大丈夫。１００円ショップなどで買った黒のお皿に自分で金箔を貼ったものでも十分です。**お皿のサイズは大きいほうが、得られる成果も大きくなります。**

注意したいのはお皿にホコリをためないこと。お皿が汚れるのは逆効果なので、乾いた布で、定期的にお皿をふいてホコリを取り払ってくださいね。

仕事 05
玄関

円満退社したいなら玄関に麻のラグを敷いてみよう

関係する龍神 **白** 黒 金 銀 青 朱 虹

いまの**会社を円満退社したいなら、玄関に麻のラグを敷く**のが効果的。玄関は社会性の窓で、人間関係の入り口のような存在です。その**玄関に浄化の力を持つ麻を置いて白龍さんの流れを取り入れることで、人付き合いのいざこざが収まっていきます。**

また、帰宅時に麻のラグを踏むたびに、外から連れてきた悪い気を玄関で吸い上げてくれるので、気持ちもスッキリ。さらに、麻の敷物にも複雑な人間関係がうまく組み合うようにする働きがあるので、社内を通じてできた良いご縁は保ちつつ、嫌なご縁はキレイに断ち切ることができます。

仕事 06

寝室

才能を引き出すには寝室の天井に六芒星のシールを貼ろう

関係する龍神 ＝ 白黒金銀青朱虹 ＝

仕事でもっと活躍するために、自分の潜在能力を開花させて、可能性を引き出したい。そんなときこそ、黒龍さんの出番です。**黒龍さんが得意とするのは、その人自身の内面に埋もれている才能や能力をどんどん引き出していくこと。**だからこそ、才能を開花させたい場合は、黒龍さんのエネルギーを意識してみてください。

家の中でも、特に黒龍さんと相性が良いのが寝室です。**寝室でベッドや布団の上に横たわって、じっくり自分の内面と向き合いながら黒龍さんと波長が合うように意識すると、どんどん才能が深掘りされていくはず**です。さらに、**効果を高めるなら、寝室の天井に六芒星のマークをつけましょう。**六芒星には「物事を広げる」という作用があります。天井に星を直接描き込むのは難しいと思うので、六芒星のシールや紙を貼るのでもOKです。黒龍さんの力と六芒星の力が合わさって、自分の中に眠っている才能や能力を引き出して、素晴らしい結果へとつなげてくれます。

MORE

自分の子どもの才能を開花させたい場合は、子ども部屋の作業スペースやデスクの上に六芒星を貼っておくのがおすすめ。黒龍さんの力を受けて、お子さんの才能が引き出されていきます!

仕事 07

クローゼット

出世運を高めるなら クローゼットに 森林系アロマを置こう

関係する龍神 ＝ 白 黒 金 銀 青 朱 虹 ＝

仕事で良いポジションにつきたい。もっと会社で出世したい。そんなときは、行動力を後押しする金龍さんと良い人間関係を引き寄せてくれる白龍さんの御加護を受けるため、クローゼットにヒノキやシダーウッドなどの森林系のアロマを置いて、良い香りを漂わせてみてください。

クローゼットは、社会との接点である洋服をしまう場所。その空間に良い香りを漂わせて浄化することで、金龍さんと白龍さんのサポート力もアップします。また、**樹木は強い成長エネルギーを持つ存在なので、勢いや向上心を愛する金龍さんが大好きなアイテム**です。**ヒノキやシダーウッドは浄化効果が高くて聖なる木として知られる樹木なので、白龍さんとも非常に相性が良い**のです。

アロマはできればオイルがいいのですが、手に入りづらいときは香木やヒノキのハンガーなどもおすすめ。

夫を出世させたいときも、同じように相手のクローゼットに森林系のアロマや香木を忍ばせて。森林系の香りはさわやかで男性とも相性抜群です。なお、ここで大切なのが、「この香りがあなたを出世させてくれるかも」と伝えること。夫側にも「自分の出世を願ってくれるのか」とあなたに対する感謝の気持ちが生まれ、出世運がさらに上がります。

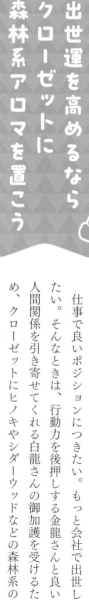

仕事 08

バスルーム

イライラしたときはお風呂に塩を入れる"塩浴"がおすすめ!

関係する龍神 ＝ 白 黒 金 銀 青 朱 虹

仕事が忙しすぎて、イライラが募り、気がつけば周囲に八つ当たり……。こんなときは、まずは一度落ち着いて、邪気を払ってくれる青龍さんと穏やかなエネルギーをくれる白龍さんにお手伝いしてもらうほうがよさそうです。

青龍さんと白龍さんを通じて、仕事のイライラや邪気、疲労を取り払うのに、一番おすすめの方法は塩が入ったお湯につかる塩浴です。盛り塩などで知られるように、塩にはその場の空間を浄化する効果があります。**塩で身を清めることで、清浄さを好む青龍さんや白龍さんが、喜んで力を貸してくれる**はず。なお、**塩は精製されたものではなく、にがりなどが入った天然塩**を選んでください。

盛り塩を置くだけでも、ストレス軽減には効果がありまず。塩に少しだけ金箔を混ぜたものをジャーや瓶に入れて棚に飾っておけば、盛り塩効果もあるし、見た目も華やかでかわいいし、疲れたときにお風呂に入れれば即席バスソルトにもなる。まさに、万能のインテリアです。

POINT

お風呂に直接塩を溶かす場合、お湯に入れる量はおにぎり1個分くらいが目安。肌が強い人であれば、お湯には溶かさず、ヒリヒリしない程度に塩を体に揉み込んでからお湯につかるのも◎。

仕事 09

バスルーム

自信を持ちたいならキャンドルをともしてお風呂でイメトレを！

関係する龍神 ＝ 白 黒 金 銀 青 朱 虹 ＝

一糸まとわぬ姿で入るお風呂は、自分の資質や本質と向き合える大切な場所です。それゆえ、**お風呂場は、自分の才能やスキルと結びついた仕事との親和性も高く、自分に自信を持ちたいときはぜひ利用したいスポット**です。ここで力を借りたいのは、内なる情熱を引き出してくれる朱龍さんと、向上心や勢いを高めてくれる金龍さんです。

暗い空間でお風呂に入ったら、キャンドルをともして、「もし自分が成功者になったならこんなことをしてみたい」「もし自分が出世したらこんなふうになりたい」という成功イメージを思い浮かべてください。その際は、できるだけ、ラグジュアリーな光景を想像するのがポイントです！

炎が好きな朱龍さんがあなたのネガティブさや自信のなさを消し去り、リッチなエネルギーが大好きな金龍さんが勢いや行動力を与えてくれます。毎晩のようにお風呂でイメトレを繰り返せば、きっと誰にも負けない「自信」と「運」が手に入るはずです！

POINT

イメトレする際は、とにかく「入り込む」のが肝心。リッチな雰囲気があふれるジャズを流したり、仮に自分が成功者としてインタビューされたら何と答えるか……などと妄想するのもおすすめ。

仕事 **10** 洗面所

モチベーションを上げたいなら赤いタオルで洗顔を

関係する龍神＝白 黒 金 銀 青 朱 虹＝

仕事でやる気が出ないときは、赤か朱色のタオルを手に入れて。**情熱のエネルギーを高めてくれる朱龍さんが、**

気分を盛り上げてくれます。

プロレスラーのアントニオ猪木さんは、赤いタオルを愛用していましたが、心理学的にも赤は人の気持ちを高揚させると言われ、理に適っているのです。なお、**タオルを使うタイミングは朝！** 朝の洗顔時や朝風呂の際、赤いタオルで身体をふくと、自然とやる気がみなぎってくるはずです。夜に使うと、テンションが上がり過ぎて眠れなくなってしまうので注意してくださいね。

仕事 **11** トイレ

周囲に好かれたいならトイレ掃除を習慣に

関係する龍神＝白 黒 金 銀 青 朱 虹＝

上司や部下から好かれたいなら、まずやってほしいのがトイレ掃除です。他人に慕われ、好かれるのは、どんなときでも謙虚で素直な人です。

そんな謙虚なエネルギーを得るには、本質を大切にして人間関係を広げてくれる白龍さんと人間関係を一度クリアにしてくれる青龍さんの力を借りましょう。

トイレ掃除は、清浄さを好む青龍さんや本質的なものを愛する白龍さんのエネルギーを受けるにはうってつけの機会。 毎日1回自宅のトイレを掃除するだけで、心の邪気が払われて、次第に謙虚さがわいてきます。

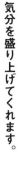

仕事 12

トイレ

もっと評価されたいときは、トイレにアロマミストを置こう

関係する龍神＝白 黒 金 銀 青 朱 虹＝

職場で自分はもっと評価されてもいいはずなのに、なぜか思っているようには評価してもらえない。そんなふうに、「自分は正当な評価を得られていない」と不満を感じるときは、もしかしたら次のステージへ向かう準備段階にいるのかもしれません。**殻を破って新たなステージに行くには、青龍さんと白龍さんの力を借りる**のが吉。**青龍さんに仕事にまつわる人間関係をクリアにしてもらい、白龍さんには人間関係のバランスを調整してもらいましょう。**

そこでおすすめなのが、**トイレにセージやペパーミント、ミントなどのアロマミストを置いてみること。**さわやかなミストの香りに、青龍さんと白龍さんが引き寄せられ、運気もアップ。また、これらのミストには浄化作用があるので、ネガティブな気持ちになってしまったとき、気持ちをクリアにしてくれます。さわやかな香りのトイレを通じて仕事の人間関係を一度リセットできたら、きっと龍神さんがあなたへの正しい評価を連れてきてくれます！

ATTENTION

浄化作用を持つセージやペパーミントのアロマミストだけでなく、セージやミントのポプリ（乾燥ハーブ）を置いてもOK。ですが、ホコリが積もらないように注意しましょう。

仕事 13

家具・インテリア

家事と仕事の両立にはステンドグラスが効果アリ！

関係する龍神 白 黒 金 銀 青 朱 虹

家事や仕事の両立、本業と副業の両立。２つの役割のバランスで悩んだときは、虹龍さんからエネルギーをもらいましょう。虹龍さんはいろんな人が持つさまざまな才能を引き出してくれる存在で、ステンドグラスなどカラフルなアイテムが大好き。

ステンドグラスを置いて、光を当て、壁や床にいろんなガラスの色が反射されたカラフルな空間を作ると、虹龍さんが喜んで、良いエネルギーを流してくれます。その波動を受ければ、家庭や職場を問わず、自分の中のいろんな側面が引き出され、マルチに活躍できます。

仕事 14

家具・インテリア

新たなビジネスを軌道に乗せるなら多肉植物の寄せ植えを

関係する龍神 白 黒 金 銀 青 朱 虹

新規で立ち上げたビジネスを成功させるには、小さな仕事をコツコツと継続して広げていくことが肝心なので、努力と根性の象徴である黒龍さんが大活躍。

黒龍さんは龍穴を思わせる土に根が張った植木鉢が好きですが、ここで選んでほしいのが多肉植物。どんな環境でもどんどん成長していくタフな多肉植物は金運の象徴で、開業時のお祝いなどに贈られることも多いアイテム。**毎朝、多肉植物を目にしたときは、黒龍さんの御加護を感じながら、ビジネスが拡大していくイメージを深めると、さらに運気が上がります。**

仕事 15

持ち物

ノルマがキツいときはPCのデスクトップを宇宙写真にチェンジ！

関係する龍神 ＝ 白 黒 金 銀 青 朱 虹 ＝

仕事のノルマが多すぎて、なかなか達成できなくて困ったときこそ、モチベーションや集中力を高めて作業に取り組みたいところです。**厳しいノルマを達成するためには、コツコツと努力する人を応援してくれる黒龍さんの波長を意識**しましょう。**黒龍さんと波長を合わせるためにやってほしいのが、パソコンのデスクトップ画面を宇宙写真にすること。**黒龍さんは「宇宙」などの神秘性を感じさせる黒モチーフが大好きです。**真っ暗な空間の中に浮かぶ星をデスクトップに映し出すことで、黒龍さんのサポートが受けられて、いつもよりも気が散りにくくなります。**

パソコンをあまり使わないという人は、スマホケースや電卓、手帳やノート、もしくはデスク自体を黒いものにするのも、同様の効果があります。集中力が高まってケアレスミスも減るし、黒龍さんがノルマ達成に向かって頑張るあなたを助けようとして良い運気を流してくれるので、きっと厳しいノルマも達成できるはずです！

MORE

職場では隣の人との机の間に、サボテンなどの鉢植えを置くのも効果的。間が仕切られることで龍穴に近い効果が生まれて、黒龍さんを呼び込みやすくなり、ノルマや目標達成への意欲もアップします。

仕事 16

持ち物

育休後の仕事復帰には家族のハンカチがお守り代わりに

関係する龍神＝白 黒 金 銀 青 朱 虹＝

産休や育休などのブランクが生まれた後、職場に戻っても「前のように馴染めるのか」「みんなに追いていかれてないか」などの不安を抱く人は少なくありません。

このときに頼ってほしいのが、**黒龍さんです。黒龍さんのサポートが、久しぶりの職場で感じる疎外感や孤独感をやわらげてくれる**ので、心穏やかに過ごすことができます。

そのとき、**お守り代わりに職場へ持っていってほしいのが、家族が自宅で使っているハンカチやタオルなど。**黒龍さんと**波長をより合わせるために、できれば黒やアースカラーのものだと、一層効果的**です。

布には、使っていた人の波動やエネルギーを吸い込んで、保存しておく作用があります。たとえば、好きな人の洋服は見たり触ったりするだけでも安心しますが、嫌いな人の着ている服には触りたくない……という感情を抱いたことはないでしょうか。まさにあれは、布がエネルギーを吸い込んでいるからこそ起こる現象です。それと同じで、**安心できる家族のハンカチやタオルを職場に持っていくことは、いわば家族のエネルギーを職場に持っていくようなもの。**久しぶりの職場で緊張しても、大好きな家族のエネルギーを身近に感じられれば、心も落ち着くはずです。

COLUMN

2

住む場所の高さと仕事運の関係性

仕事運を上げたいとき、インテリア以外にもうひとつ意識したいのが「住む場所の高さ」です。私自身、これまでにさまざまな場所に住んできたのですが、**空に近い高い場所に住むか、土に近い低い場所に住むかで、仕事運の広がり方が大きく変わりました。**

タワーマンションなど、土から離れた場所に住むと、人間関係の調和や発展を司る白龍さんとの波長が合いやすくなります。そのため、コミュニケーション力が高くなり、行動力も増し、人間関係を通じて出世運が上がるため、営業職など他人と接する職種には向いています。

反対に、**一軒家やマンションの1階など、土に近い場所を選ぶと、大地と所縁のある黒龍さんとつながりやすくなる**ので、自分の内面を深掘りできます。アーティストやクリエイターなど自分の感性と向き合う仕事をしている人は、地面に低い階層がおすすめですよ。

クリエイティブになりたければ地面に近い場所に住もう

黒龍さんは、地底や洞穴など地面に近い場所にいるため、低層階に住むほうが、黒龍さんの影響を受けやすくなります。

社交的になりたければ高層階など高いところに住もう

俯瞰的に物事を見る白龍さんは、高い場所にとどまることが多いので、高層階でその波長を受けることができます。

第 4 章

良縁を引き寄せるインテリア

毎日がワクワクするような人生を送る秘訣は、
素敵な人にたくさん出会って、豊かなご縁を紡ぐこと。
「自分はあまり人に恵まれていない気がする」と
日頃思っているあなたも大丈夫！
家の中を整えることで龍神さんたちと波長を合わせ、
素敵なご縁を引き寄せましょう。

良縁を手に入れるなら出会いを怖がらないこと！

「人間万事塞翁が馬」ということわざもありますが、人間の縁とは不思議なもので、短期的には悪い縁だと感じても、長い目で見ると人生においてプラスに転じる縁もあります。わかりやすい例でいえば、夫と離婚して死にたくなるほど悲しい想いをしても、その縁があったおかげで、次に別の誰かに出会ったときに相手の素晴らしさがわかり、幸せになれることもあります。

だからこそ、**良縁をつかむ最良の方法は、新たなご縁を怖がらないこと。**数ある出会いを面倒くさがったり、怖がったりするのではなく、一度は受け入れてみてほしいのです。**さらに大事なのは、人間関係を司る白龍さんを中心とした龍神さんたちを日頃から呼び込んでおくこと。**「きっと龍が素晴らしい出会いを引き込んでくれる」と信じていれば、人生を変える良縁にきっと巡り合えるはずです。

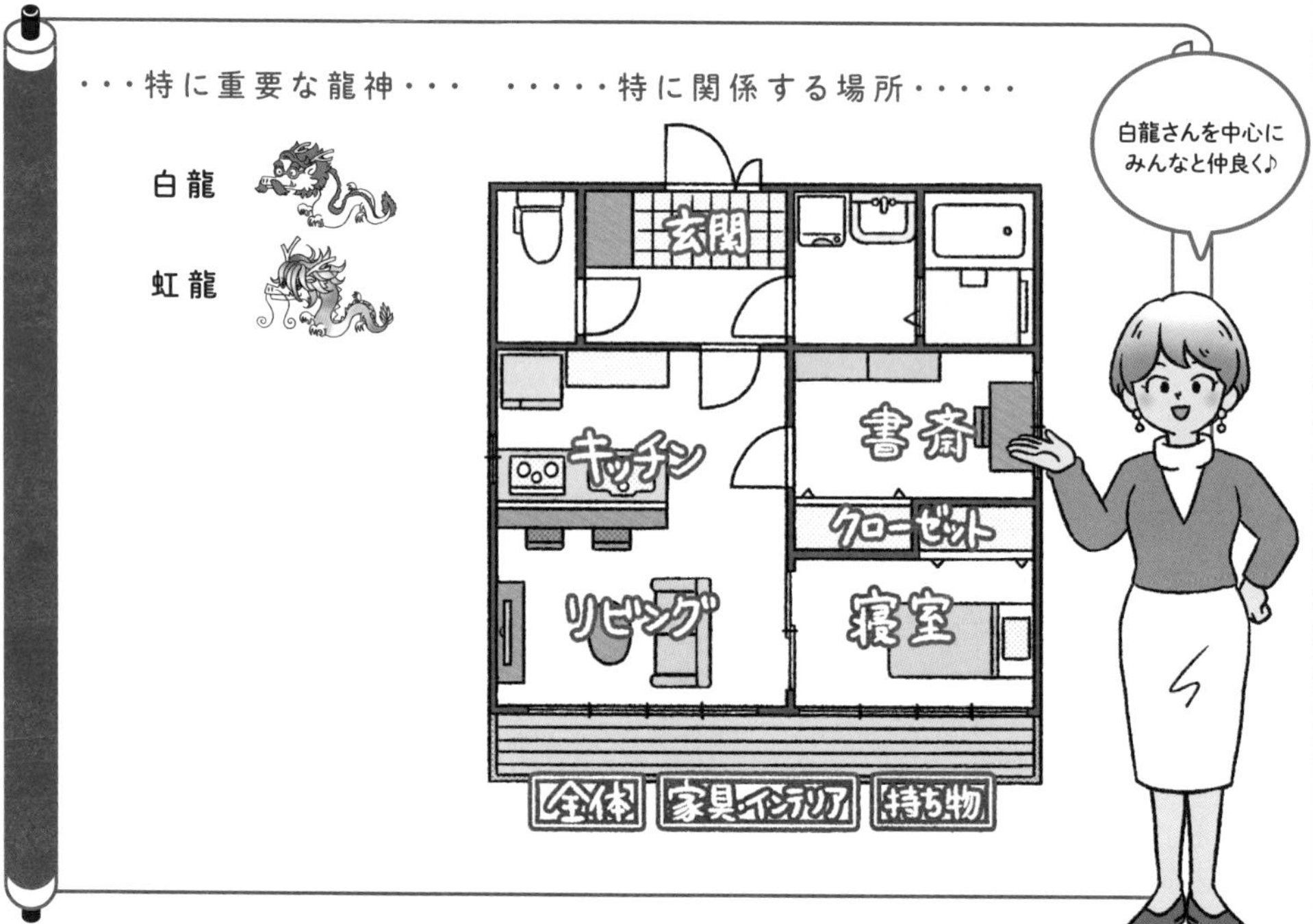

・・・特に重要な龍神・・・
白龍
虹龍
・・・・・特に関係する場所・・・・・
玄関
キッチン
書斎
クローゼット
リビング
寝室
全体
家具・インテリア
持ち物
白龍さんを中心に
みんなと仲良く♪

良縁 **01**

リビング

良縁を引き寄せるなら リビングで せせらぎの動画を流そう

関係する龍神 ＝ 白 黒 金 銀 青 朱 虹 ＝

人生を前向きにするご縁を引き寄せたい。そんなときに助けとなるのが、人間関係を改善してくれる白龍さんです。日頃から**白龍さんが立ち寄る家には、「知人を介してラッキーな話が舞い込んだ」「前から憧れていた人とご縁ができた」などといった良縁が舞い込む傾向があります。**

白龍さんのサポートを得るために、ぜひやっていただきたいのが、リビングでせせらぎの動画を流すこと。**白龍さんは川や滝などの流れが大好きなので、せせらぎの動画を流しっぱなしにしておくと、白龍さんと波動が合うようになり、その効果で良縁もどんどん増えていきます。**もちろん実際に渓流などに行ってみるのもいいのですが、動画だけでも自然の波動をかなり正確に再現できているので十分に効果はあります。なお、**動画を見るたび、「いま自分に必要なご縁はこんな縁です！」と思い浮かべるのもポイント。**白龍さんもその想いを察知して、欲しいご縁をより熱心に引き込んでくれます。

MORE

白龍さんは上質なものが好きなので、普段着ているパジャマを白いシルクのものに替えるのもおすすめ。そのパジャマを着るのにふさわしい人になれるような、素晴らしい良縁を運んできてくれます。

良縁 02

リビング

子どもの将来が不安！そんなときは彩雲をリビングに飾ろう

関係する龍神＝白黒金銀青朱**虹**＝

子どもがちっとも勉強しなくなったり、素行が悪くなったり。そんなときは我が子の非行を疑いたくなるものですが、ここで大切なのが、一方的な批判ではなく、「子どもと自分は別の個性を持つ、まったく違う人間である」と認識することです。親心としては心配だと思いますが、**本人から直接「助けて」というSOSが出ていないなら、親にできるのは子どもの選択を信じる**ことだけです。

それでも**「子どもを心配する気持ちが収まらない」というときは、多様性や個性を重んじる虹龍さんが大好きな「彩雲」の写真をリビングの壁に飾ってみてください。**彩雲にもいろんな形がありますが、見たときにテンションが上がるものがベスト。**虹龍さんの御加護によって、家族全員に安心感が生まれ、いま目の前にある余計な不安が取り除かれる**はずです。不安になったとき、彩雲を見れば、虹龍さんが「この世界にはいろんな個性がある。信じて大丈夫だよ」とメッセージを送ってくれるでしょう。

MORE

彩雲の写真がないときは、虹のモチーフの絵や写真を貼ってみるのも効果アリ。あまりピンとくるものがないときは、自分でクレヨンや絵の具などで虹の絵などを描いてみるのもおすすめです。

良縁 03

書斎

人気者になるには本棚にいろんな種類の本を揃えよう！

関係する龍神
白 黒 金 銀 青 朱 **虹**

周囲から愛される人気者になりたい。そんな人は、虹龍さんを味方にするために、書斎の本棚にいろんなジャンルの本を揃えてみてください。虹龍さんが好む人の特徴は、何事に対しても先入観だけで判断せず、受け入れる人です。虹龍さんは、そんな柔軟な人の持つ個性や才能を光らせようと、喜んで頑張ってくれます。

もちろん、実際に読むことも大事です。ひとつの視点ではなく、多様性に富んだ視点を得るには、読書はとっても効果的。読む本も、バラエティに富んだものを揃えましょう。たとえば、日頃小説ばかり読む人なら、たまには科学の本や写真集にも触れてみる。たくさんの分野の本を読み、世界にはさまざまな価値観があるのだと知ることができます。仮に**本をあまり読まない人でも、本棚に並べて背表紙を眺めるだけでも効果アリ。**多様な視点を養えたなら、虹龍さんはあなたのオンリーワンの才能を磨き、周囲の注目を集める人気者にしてくれます。

MORE

読書に限らず、音楽や映画、動画など「自分には理解できないんじゃないか」と思ってこれまでは避けていた文化に、積極的に触れるのも虹龍さんが喜ぶ行為のひとつ。知識の幅が広がるはずです。

良縁 04

玄関

人からの攻撃を避けたいなら玄関の脇に鏡を置こう

関係する龍神
白 黒 金 銀 **青** 朱 虹

友達からの嫌みやご近所さんからの詮索、親からの過干渉など、自分に対してマイナスなアプローチを抑えたいとき。人間関係を整理して、悪縁を断ち切ってくれる青龍さんを味方につけて、嫌な人の攻撃を跳ね返しましょう。

そこでおすすめなのが、**玄関のドアの脇に、鏡を置くことです。**玄関は人間関係の外と中を線引きする場所。その内側に鏡を置くことで、外から入ってくる邪気や悪気が家の中に入り込みづらくなり、逆に清浄を好む青龍さんが入りやすくなります。せっかく鏡を置いても、鏡が曇っていると効果がなくなるので、**常に磨いておくのも肝心！**

なお、**注意点としては、鏡は玄関のドアの正面に置かないこと。**真正面に鏡を置くと、外から入ってきた悪い運気のみならず龍神さんや良い運気も跳ね返してしまうので、逆効果です。家の構造上、玄関のドアの真正面に鏡がある人は、日頃は布をかけたり、鏡の位置に角度をつけるなどして、ドアと鏡が向き合わないように工夫してみてください。

ATTENTION

嫌な人の攻撃や負の感情を跳ね返すには、玄関には凛とした清潔感を出すことが大切。なんとなく置いている雑貨類などでごちゃごちゃしていると、悪い運気が入りやすくなるので避けましょう。

良縁 05

寝室

夫とのケンカを減らすなら、寝室の枕カバーを替えよう

関係する龍神
白 黒 金 銀 青 朱 虹

夫婦がケンカをするのは、お互いに「自分のことをわかってほしい」という気持ちがあるからこそ。ただ、**ケンカがなくてもお互いにわかり合える関係性を作りたいなら、人間関係に調和をもたらす白龍さんの出番。白龍さんを呼び込むために、夫婦が使う寝具を一新し、不和を消してもらいましょう。**

寝具は誰かに見せびらかすものではないので、洋服やバッグなど外に持ち歩くものに比べると、ケアがおろそかになる傾向があります。でも、**寝具が汚かったり古かったりすると、白龍さんも嫌がるし、寝室の空間自体も乱れて、ケンカが起きやすくなってしまう**のです。

そんな事態を防ぐために効果的なのが、**枕や布団カバー、シーツなどを新しくする**こと。もし「寝具を全部替えるのは大変」ということであれば、枕カバーを替えるだけでもOK。枕は、夜の間ずっと頭を預けるアイテムです。清潔な枕カバーだと、白龍さんが夜寝ている間に二人の潜在意識に「仲良くするように」と働きかけてくれるので、いさかいが減っていくはず。色は白で素材はシルクがおすすめ。白龍さんが好きな色である上に、汚れが目立ちやすくてすぐに洗えるので、清潔な状態を保つ利点があります。

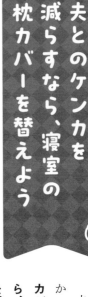

良縁 06

寝室

悪い縁を断ち切るには寝室に黒と金のアートを飾ろう

関係する龍神 ＝ 白 黒 金 銀 青 朱 虹 ＝

いつも自分を敵対視するママ友や何かとパワハラをしてくる上司など、苦手な人とのご縁を断ち切りたい。そんなときは、黒龍さんの自分を貫く勇気と金龍さんの行動力を引き出すのが吉！ 誰かに敵対視されやすい人は、目立っているからライバル視されやすいという特徴があります。そこで相手に屈してしまうのではなく、あなたの持つ強さや行動力をもっと引き出して、自分の個性をどんどん打ち出してしまえばいいのです。**嫌がらせや嫌みを気にせず、我が道を行く姿勢を見せると、これまでマウントを取ってきた相手が自分から恐れをなし、あなたに手出しできなくなるため、嫌なご縁を自然と断ち切ることができます。**

相手に負けない個性を示すには、黒龍さんと金龍さんの後押しを受けるため、寝室に黒と金のアートを置きましょう。 黒と金が使われていれば、絵画でも置物でもなんでも大丈夫。黒龍さんと金龍さんが味方になり、寝ているあなたに働きかけて、勇気と行動力を引き出してくれます。

MORE

夫と別れたいけれども、勇気が出ず、一歩踏み出せない。そんなときも、同じように黒×金のアートを寝室に置くのが効果的。黒龍さんと金龍さんによる勇気と行動力が悪い縁を断ち切ってくれます。

良縁 07

寝室

夫との結びつきを強くするには寝室に生花を飾ろう

関係する龍神 ═ 白 黒 金 銀 青 朱 虹 ═

夫との仲が冷え込んでしまった。**二人の間の結びつきをもう一度強くしたいなら、情熱を司る朱龍さんを味方につけるため、寝室にお花を生けましょう。朱龍さんは生きているお花のエネルギーが大好きなので、寝室に引き寄せられて、夫婦の情熱を高めてくれます。**

お花の種類は自分が好きなものや、ピンときたものなら何でも大丈夫。ポイントは、わざわざ寝室という二人しか見られない空間に花を飾ること。朱龍さんが喜ぶのはもちろん、夫側も「自分のためにキレイな花を置いてくれている」と嬉しくなって、より親密になれます。

良縁 08

寝室

恋愛運を上げるならピンクのパジャマで寝よう

関係する龍神 ═ 白 黒 金 銀 青 朱 虹 ═

好きな人ができて恋愛運を上げたいなら、寝るときはピンクのパジャマを身に着けてみてください。

恋愛運を上げるには白龍さんの人間関係の調和力と朱龍さんの情熱の両方が必要です。白龍さんも朱龍さんもどちらも喜ぶのが、白と朱色を混ぜたピンク色。ピンクのパジャマで眠ると、龍神が潜在意識に働きかけてくれるので、恋愛運がみるみるアップしていくはずです。

MORE

男性の場合は態度がはっきりした人のほうが好まれるので赤と白のチェッカー柄が◎。

良縁 09

寝室

結婚したいならドレッサーの前にティアラを飾ろう

関係する龍神＝白 黒 金 銀 青 朱 虹＝

お付き合いまでは進むのに、なぜか結婚にまで発展しなかったり、結婚しようと踏み切れなかったり。「そんな状態から脱して、早く結婚したい！」と思ったときこそ、試してみてほしいのが、ドレッサーの前に結婚式で使うようなティアラを置くこと。そして、毎日朝起きた後と夜寝る前、ドレッサーの前に立って、実際にティアラを頭に載せて、「私は結婚する予定です。その予定を実現させるために予行練習をしています」と念じてみてください。その際は、鏡を見ながら、自分の姿を目に焼きつけるのも肝心です。

豪華なティアラは、派手好きな金龍さんを引き寄せるアイテムです。さらに、金龍さんは「先取り」する人も大好き。たとえば、自分が気に入ったものなら借金してでも買うような人には、先取りした分のお金をもたらしてくれます。これと同じで、結婚式でつけるティアラを先に購入して、かぶっていると「この人は先取り行動してる」と金龍さんが気づき、結婚までの道を後押ししてくれます。

MORE

ティアラ以外にも、結婚式にふさわしいと思うドレスや指輪、小物などを飾っておくのも効果あり。そのほか、結婚に関連するような写真を集めて、ボードに貼って眺めてみるのも「先取り」に！

良縁 10

クローゼット

人間関係に悩んだらクローゼットの中を整理しよう

関係する龍神 ＝ 白 黒 金 銀 青 朱 虹 ＝

今日、人間関係がうまくいったのは、この洋服のせいなのかも…
人間関係

こんがらがった人間関係を整理したい想いに駆られたら、真っ先に試してほしいのがクローゼットの整理です。外の人と接点を持つ上で必要なアイテムである洋服が収められたクローゼットは、人間関係に調和をもたらしてくれる白龍さんの通り道のひとつ。また、白龍さんも含めたすべての龍は、整理されていない環境が大嫌いです。**白龍さんを味方につけて、人間関係を改善してもらうためにも、すぐにクローゼットを整理しましょう。**鑑定でご自宅などにお邪魔する際、クローゼットがごちゃごちゃしている人は、かなりの確率で人間関係も複雑になっていました。逆に、クローゼットがすっきりと整理されている人は、人間関係もうまくいっていることが多かったです。

置きっぱなしの服を畳んだり、季節外れの服を整理したり、全然着ていない洋服を捨ててみたり。そんな作業をしていると、白龍さんがいま目の前にある人間関係のいざこざを解決するメッセージをくれるはずです。

MORE

白龍さんはユーモアのある人が大好き。他人を笑わせるようなユニークなメッセージやイラストが描かれた遊び心のある服をクローゼットに増やすと、白龍さんの目に留まりやすくなりますよ！

良縁 11

キッチン

引っ越し先で不安ならシルバースプーンで温かい飲み物を飲もう

関係する龍神＝白黒金銀青朱虹＝

ご近所さんとうまくやっていけますように．
ぐる
ぐる

新しい土地への引っ越しは、誰しも期待と不安を抱くものです。**引っ越し先の土地で出会う人々とうまくやりたいときは銀龍さんの力を借りましょう。**銀龍さんは土地の守り神的な存在なので、銀龍さんと波長が合うように意識することで、新しい環境に早く馴染むことができます。

銀龍さんと強いつながりを持ちたいとき、毎朝取り入れてほしいのが、シルバーのスプーンでかき混ぜた温かいお茶や白湯を飲むという習慣です。銀龍さんは名前の通り、銀が大好き。シルバーのスプーンでかき混ぜて流れを作ったお茶や白湯を飲むことで、銀龍さんのエネルギーを感じやすくなるのです。**スプーンでお茶や白湯をかき混ぜるとき、「すべてがうまくいきますように」とお願いする**のも忘れずに。なお、銀のスプーンは毎日洗って使わないとサビやすいので、扱いには注意が必要です。シルバーにサビがつくと銀龍さんと波長が合いづらくなるので、少しでもサビや曇りが浮かんだら、きちんと磨いてくださいね！

MORE

銀龍さんのサポートを受けるには、土地と家をつなぐ場所である玄関にシルバートレイを置くのも効果的。こちらもホコリがたまったり、サビたりしやすいので、定期的に磨くようにしてください。

良縁 12 全体

孤独感を和らげるには部屋の照明を暖かい色に変えよう

関係する龍神＝白黒金銀青朱虹＝

孤独な気持ちを抱くのは、現在の人間関係に物足りなさを感じているからかもしれません。ただ、自分を取り巻く環境は、どうしても移り変わっていくもの。**孤独を遠ざけるには、周囲に左右されずブレない軸を確立してくれる朱龍さんの御加護を受けましょう。**

そのために試してほしいのが、**部屋の照明をより柔らかな光に変えること。**間接照明やランプ、場合によってはキャンドルなどもおすすめです。暖かい光に包まれれば、自然に内面が充実してきて、好きなものに熱中し、むやみに孤独を感じなくなるはずです。

良縁 13 家具・インテリア

親子ゲンカをしたらガムランボールでクールダウンを

関係する龍神＝白黒金銀青朱虹＝

子どもが大人になるにつれて、増えていくのが親子ゲンカです。感情に任せて叱りつけているだけでは、いつまでたっても負のループから抜け出せません。**子どもにイライラしたときは、ガムランボールやティンシャ、巫女鈴などを鳴らしてリラックス**して。**涼やかでメタリックな音が好きな白龍さんと青龍さんが親子の仲を取り持ってくれ、怒りで曇った視界をクリアにしてくれます。**

怒りの気持ちが浄化されれば、自分の固定概念から解放されるので、子どもの言い分に耳を傾けて、今後の対応策を考える余裕が生まれます。

良縁

14

持ち物

良い友達を作るなら自分の〝推し〟をバッグにつけよう

関係する龍神＝白黒金銀青**朱**虹＝

大前提として、友達は必ず作らなければならない存在ではありません。無理に人と群れると負担になるケースもあるので、そうしたストレスを感じなくて済む「気持ちをわかり合える良い友達」を探すことが肝心です。

良い友達を見つけるために実践してほしいのが、自分の好きなものをバッグにつけること。好きなアイドルのグッズでもお気に入りのブランドのアイテムでもなんでもＯＫ。〝推し〟を周囲に見せることで、自分の好みも知ってもらえるし、**あなたの趣味に理解を示す仲間と出会えるように朱龍さんがサポート**してくれます。

良縁

15

持ち物

新たな恋を始めるならレインボータオルを持ち歩こう！

関係する龍神＝白黒金銀青朱**虹**＝

新しい恋を始めたいのに、どうしても好きな人が見つからない。それは、無意識のうちに自分の恋愛のアンテナをシャットダウンしてしまい、周囲に魅力的な人がいても気がつかないからかもしれません。そんなときは虹龍さんの大好きな**レインボーのタオルを持ち歩いて、虹龍さんに波長を合わせてみましょう。**レインボーのタオルがないときは、いろんな色がちりばめられたカラフルなタオルでも大丈夫です。**さまざまな色のように多様な個性を認める気持ちが高まって、視野が広がり、これまでは見過ごしていた周囲の人たちの魅力に気がつけるはず**です。

良縁 16
持ち物

家族の仲良し度をアップするには、テーマカラーを決めよう

関係する龍神 ＝ 白 黒 金 銀 青 朱 **虹** ＝

家族仲を良くして、もっと幸せな家庭を築きたい人は、多様性を愛する虹龍さんに味方になってもらいましょう。

家族全員がのびのびと生きるためには、それぞれの価値観を尊重することが必須です。子どもが親に合わせたり、親が子どもに合わせたりと、誰かが無理するような偏った状態ではどうしても不和が生まれるもの。干渉し過ぎず、相手の個性や価値観を大事にすることが、肝心なのです。

家族それぞれの個性を大事にするために効果的なのが、家族のメンバーが使うタオルやお茶碗、スリッパなどの色を分けること。赤、青、黄色、黒、白など戦隊もののヒーローのように家族それぞれのテーマカラーを決めておくと、「同じ家に住んでいるけど、みんな一緒じゃない。その人にはその人の色があるんだな」と家族間でも〝個〟を意識するようになります。すると、**家族全体に虹龍的なエネルギーが満ちていって、ケンカも減るし、お互いの理解も深まって、良い関係性が生まれていきます。**

POINT

テーマカラーを決めるときは、純粋に好きな色を選ぶのもいいし、「勉強に集中したい兄は黒」「恋愛運を上げたい妹はピンク」など、それぞれの目標に合わせた色を選び、運気アップを狙うのも手！

COLUMN

3

人間関係が改善するスペシャルレッスン

人生の苦悩の大半は人間関係だと言われるほど、人間関係は悩みの種。そこで、ここでは人間関係が改善するスペシャルレッスンをご紹介！

まず、**人脈を広げたいなら、人間関係を司る白龍さんの力を借りるため、「知らない土地への一人旅」を実行して。**幅広い視点で物事を俯瞰できるようになり、交際範囲も広がります。日頃から「困ったときは、他人の助けを借りられる」ことも、大切なポイント。白龍さんは素直な人が好きなので、意地を張らずに「助けてほしい」と周囲に伝えられる人に味方し、より良い人間関係をもたらしてくれます。

心地よい人間関係を育みたい人は、虹龍さんと波長を合わせるため「好奇心を持って積極的に面白がる機会」を増やして。虹龍さんは個性を際立たせながらも、多様性を受け入れる柔軟性をもたらす存在。続ければ、素の自分を受け入れてくれる相性の良い人々と出会えるはず。

どんなことも面白がり好奇心を持って取り組む

多様性が広まる時代に、存在感を高める虹龍さん。虹龍さんに好かれると、円滑な人間関係が手に入ります。

知らない土地に一人で旅をする

一人旅は白龍さんに好かれる行動のひとつ。新しい価値観に出合うことで、白龍さんの包容力と俯瞰力が養われるはず。

第5章

外見も内面も若く美しくなるインテリア

いつも若々しくてエネルギーにあふれた人や
思わずハッとする美しさをキープしている人。
そんな人は、実は龍神さんが生み出す
美と健康の「流れ」を上手につかんでいる人たちばかり。
さまざまな「流」を持つ龍神さんたちを味方にして、
いつまでも大好きでいられる自分を作りましょう!

健康は青龍さん、美は朱龍さんが味方に！

もっと健康でありたい、もっと美しくありたい。本章では、そんな健康運や美容運を上げるインテリアについてご紹介していきます。

七色龍神の中で、健康運を司るのは青龍さんです。青龍さんは浄化の力が強く、いまその人の周りにある悪いものをデトックスしてくれて、健康や若さを高めてくれる存在です。一方、「美しくなりたい」「もっとオシャレになりたい」といった**美容運は朱龍さん**の得意ジャンル！　ここまでご紹介してきたように、**朱龍さんはマニアックに何かにこだわることが得意。**美を追求する心をサポートしてくれます。

家の中の場所としては、洗面所やお風呂場、ドレッサーなどの自分磨きの場所はもちろん、身の回りのものを集めたクローゼットや、食の基盤となるキッチンも、健康や美に強い影響力を持っています。

・・・特に重要な龍神・・・

青龍

朱龍

・・・・・特に関係する場所・・・・・

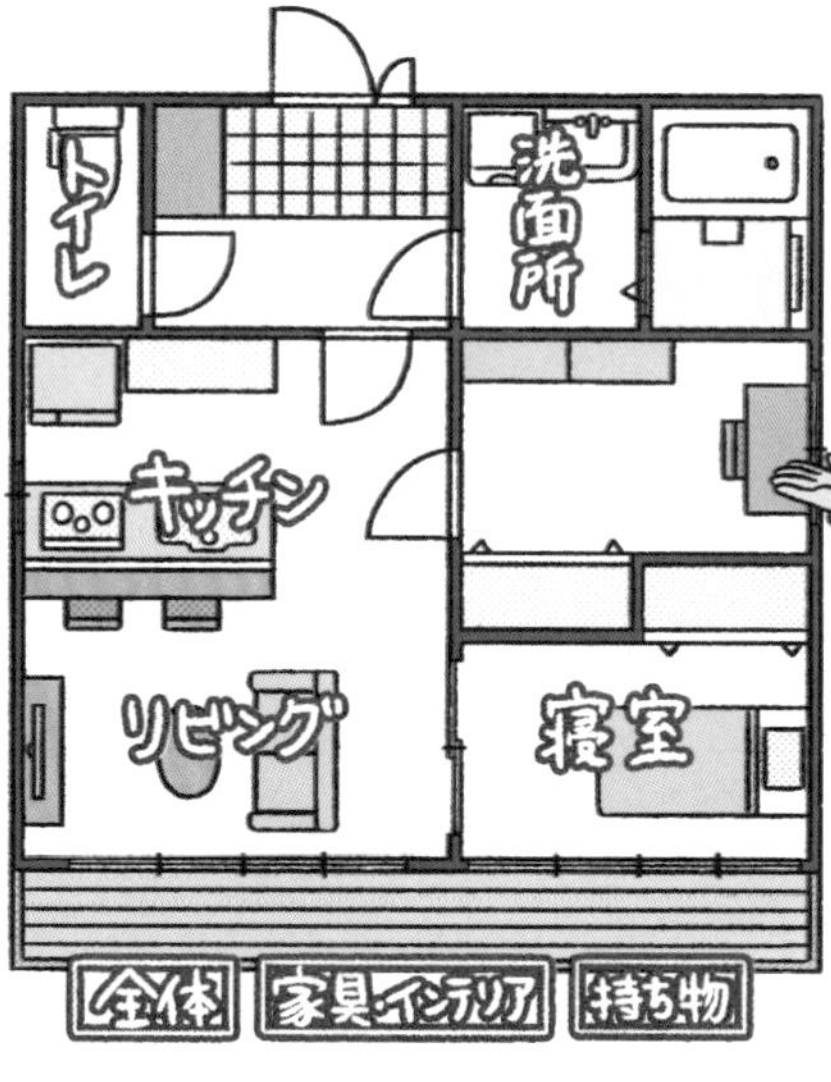

美容 01

リビング

センスのいい人をめざすならリビングに一点モノを飾ろう

関係する龍神

白　黒　金　銀　青　朱　虹

センスとは、美意識を磨き抜き、こだわりを積み重ねて生まれるもの。**センスを磨きたいときは、物事の真贋を見極め、審美眼を高めてくれる朱龍さんに味方になってもらうのが一番です。朱龍さんの性質に同調してエネルギーを借りるためにおすすめなのが、「こだわり」のあるものを、リビングなどの自分がよく目にする場所に置いてみる**というもの。なかでも強い効果を発揮するのが、一点モノを置くことです。この世界に一つしかないアート作品でもいいし、職人さんが作った焼き物や雑貨などもOK。**お金をかける必要はまったくありません。**自分で作ったお皿や自分で描いた絵などを置いてもいいかもしれません。

ポイントは、自分が心から「いいな」と思うものを選ぶこと。感性に任せて何かを選んでみる行動は、朱龍さんに好かれます。また、自分の好みで選んだものやこだわりが光るものに囲まれて生活すると、「私はこれが好きなんだ」と再確認できて、センスも磨かれていくはずです。

NG

自分のセンスを下げてしまうNGな行動は、量販品ばかりに囲まれていること。間に合わせで買ったものや興味がないものばかりが家にあふれていると、こだわりが薄れ、センスも低下します。

美容 **02** リビング

「老けた」と思ったらリビングの壁紙を新しくしよう!

関係する龍神 白 黒 金 銀 青 朱 虹

鏡で自分の姿を見るたびに「老けたな」と悲しくなる。でも、気持ちが落ち込むと、老いはますます加速します。**落ち込んだ気持ちを若返らせるなら、デトックスを司る青龍さんに働きかけるため、リビングの壁紙を新しくしてみましょう。**住んでいる環境が変わらないと、その気を受けて、無意識に変化を嫌うようになり、どんどん気持ちが老け込みます。

家の中でも特に時間を過ごすことが多いリビングの壁紙を一新すると、新たな変化を好む青龍さんが味方になってくれて、気持ちをどんどん若返らせてくれます。

美容 **03** リビング

美容意識を高めるならリビングに豪華な鏡を置こう

関係する龍神 白 黒 金 銀 青 朱 虹

鏡よ、鏡よ、鏡さん。
あなたが国中でいちばん美しい。

年を重ねたせいなのか、おしゃれをしたり、メイクをしたり、髪型を気にする気力がわかない。**下がってしまった美容意識を高めたいときは、こだわりを高める性質を持つ朱龍さんを頼りにしましょう。**やってみてほしいのが、**リビングに豪華な鏡を置く**こと。思わずのぞき込みたくなるような、自分好みの鏡を用意しましょう。

朱龍さんは情熱を持つ人を応援する存在なので、こまめに鏡を見ては美容意識を高めようとする人に味方します。鏡をのぞく際は「このゴージャスな鏡が似合う自分になる!」とイメージングすれば完璧です。

健康 04

寝室

疲れが取れないならベッドルームをお掃除しよう

関係する龍神
白 黒 金 銀 青 朱 虹

ここ最近、なかなか疲れが取れない。そんなときは、健康を回復してくれる青龍さんの流れを引き寄せられていない可能性が大！ 体力と気力を回復して、元気になるために、1日の疲れを癒やす場所である寝室を、一度キレイに掃除をしてみてください。枕カバーやシーツなども、同じものを使いっぱなしにするのではなく、頻繁に洗濯済みのものに取り換えて、清潔な状態を保つようにしてください。

龍神の中でも、特に青龍さんの流れは清浄で整理整頓された場を好みます。寝室が散らかっていたり、掃除ができていないと、青龍さんの流れを引き寄せられず、エネルギーをうまく受けることができなくなってしまいます。**寝室をキレイに掃除すると、青龍さんが喜んで寄ってきてくれるので、寝ているときに疲れをデトックスし、元気をチャージしてくれます。** また、整理整頓した部屋で寝ることで、自分自身の気持ちもスッキリして、心地よく眠れるので、睡眠の質が上がって疲れも取れるはずです。

POINT

青龍さんは空気が淀んでいる場所が嫌いなので、掃除中はホコリなどがたまらないように、窓を開け放つのもポイントです。部屋の空気を循環させ、清浄な場を作ることを意識してくださいね。

美容 05

洗面所

もっと美人になるには週に1回洗面所の鏡をキレイに磨こう

関係する龍神 ＝ 白 黒 金 銀 青 朱 虹 ＝

いまよりもっと美人になりたいと願うときは、健康運を司る青龍さんと美容運を司る朱龍さんの両方の力を借りましょう。そのために**チェックしたいのが、洗面所の鏡**です。鏡が指紋や水のしぶき、歯磨き粉などで汚れている人は要注意！　洗面所の鏡は、自分自身への扉のような存在。**自分の姿を映し出す鏡が汚れているのは、外見に対する注意力も下がっている証拠です。これでは、青龍さんと朱龍さんのエネルギーを受けづらくなってしまいます。**だからこそ、週に1回は洗面所の鏡を「もっと美人になりますように」と念じながら磨いてみてください。鏡をクリアにすることで、青龍さんと朱龍さんが味方して、外見への注意も高まり、どんどん美人になっていきます。

また、**鏡の四隅に五芒星を小さく描き込むのもおすすめ。**五芒星は結界的な役割を持っているので、いまある美を保ってくれる効果もあります。直接描き込むのが難しい場合は、五芒星のシールを貼っても同じ効果を発揮します。

ATTENTION

意外な盲点となるのが、日頃、自分が持ち歩いている手鏡やファンデーションなどのコンパクトの鏡。つい指紋がついたまま放置しがちなので、一緒にキレイに磨いておくと、より美意識が高まります。

健康 06 キッチン

体調が悪いときは積極的にキッチンのゴミ出しを

関係する龍神 白黒金銀青朱虹

体調や気分がすぐれない日が続いている人は、家の中の空気が滞っている可能性があります。良いコンディションを取り戻すため、淀みの原因を排除し、家や身体を浄化してくれる青龍さんを引き寄せましょう。

家の空気が淀む要因のひとつはゴミ。なかでも、水回りにある生ゴミをいつまでも放置すると、部屋の気が悪くなって、青龍さんを遠ざける要因になります。**体調が悪いと感じたときほど、キッチン回りのゴミを小まめに捨ててみてください。**ゴミを排除して空気の流れを正常にできれば、青龍さんがやってきて不調を治してくれるはずです。

美容 07 キッチン

洗練された人になるには食器の汚れを取り除こう！

関係する龍神 白黒金銀青朱虹

洗練されたオーラを出したいときは、美容運を司る朱龍さんに味方してもらうのが一番。やってみてほしいのが、キッチンで使っている食器の点検です。

お皿の裏側にある汚れやカップの茶渋、グラスの曇りなど、見落としてそのままになっている汚れは案外多いもの。朱龍さんは龍の中でもこだわり屋なので、小さな汚れに厳しいです。これらの**汚れを丹念に落とすことで、朱龍さんも喜んで、洗練したオーラを導いてくれます。**なお、お皿だけでなく歯の汚れにも朱龍さんは敏感なので、歯磨きやホワイトニングを頻繁に行うのもおすすめです！

美容 08

キッチン

ダイエット成功には収納にゆとりを！

関係する龍神 — 白 黒 金 銀 青 朱 虹

体重が増えて憂鬱なときは、ダイエットを成功させるため、冷蔵庫などの収納に「ゆとり」を作ることを意識しましょう。私はこれまで多くの方を鑑定してきましたが、ダイエットが成功しなくて悩んでいる方の多くは収納にゆとりがない方でした。特に多いのが、食べ物のストックで収納がぎっしり詰まっているというケースです。

収納にゆとりがないと全体のバランスを考えてくれる白龍さんと健康を司る青龍さんが、家に入ってこられなくなるので、食欲に歯止めが利かずについ食べ過ぎてしまうのです。また、心理学的にもスピリチュアル的にも常に食べ物が目の前にあると食欲が掻き立てられやすくなり、ついつい食べ物に手が伸びて、体重が増えてしまいがち。

白龍さんと青龍さんを呼び込んでダイエットを成功させるためにも、**収納はぎちぎちに詰め込まないのが鉄則**。また、安いからといって食べ物を買い置きし過ぎるのも、循環が滞って龍神を呼び込みづらくなるのでNGです。

MORE

やせたら着たい洋服などを、部屋の中の目立つところに飾っておくのもおすすめ。憧れの洋服を見るたびにダイエットの意欲が掻き立てられて、龍神が目的達成のサポートをしてくれます。

健康 09

キッチン・トイレ

元気な人でいたいならキッチンやトイレにミントの香りを

関係する龍神
白 黒 金 銀 青 朱 虹

いつも健康的で明るく元気な人は、いるだけで周囲の人から喜ばれる存在です。**どんなときも健やかな身体と明るい性格をキープするなら、健康を司る青龍さんが喜ぶインテリアを整えるのが一番**です。そこで効果的なのが、**トイレやキッチン、お風呂といった水回りに青龍さんが大好きなさわやかなミントの香りを漂わせる**こと。さらに、精油を垂らしたディフューザーなどを置けば完璧です！

これまでに鑑定でご自宅にお伺いすることも多々ありましたが、心身共に病気がちな方のご自宅は、どうしても水回りの空気がモワモワと滞りがち。逆に言えば、空気が悪いから、心身の調子を崩してしまう方も少なくないのです。そんな方々に対して効果的だったのが、水回りにフレッシュな香りを漂わせること。滞った空気が清浄なものに一新することで、青龍さんがサポートしてくれて、みるみる体調が良くなっていきました。ぜひ、香りの力をフル活用して、元気で明るい心と身体を維持してくださいね。

MORE

健康な人が住む家の共通点は、空間に抜け感があること。大きな家具を背の低いものにしたり、空間にゆとりを持たせたりすると、空間に空気の流れが生まれて、健康運も高まっていきます。

美容 10 全体

若さを保つためには部屋にミストを漂わせて

関係する龍神
白 黒 金 銀 **青** 朱 虹

若さを保ちたいならば、デトックスや健康を通じて若さを引き出してくれる青龍さんの力を借りましょう。おすすめは、ミストディフューザーを使うこと。基本的に、龍神さんたちはみんな清流などの勢いのある水が大好きです。なかでも**特に水と相性が良い青龍さんは、細かい水の粒子であるミストの漂う場所に居心地のよさを感じます。**すると、いつでもミストが漂う空間は、青龍さんが居ついて浄化してくれるので清浄な空気が保たれます。さらに、水気が漂うと空間の湿度も高くなってお肌なども潤うので、ますます若さが保たれる効果もアリ！　ミストディフューザーを置くことができない人は、霧吹きなどを代用して、空間に湿り気を与えるのもおすすめです。

ここで注意したいのは**ミストに使う水は、毎回新しく汲み直す**という点です。古くなった水を使い続けるのは、清潔なものを好む青龍さんに嫌がられてむしろ逆効果になってしまうので、水は毎回新鮮なものにするように心がけて。

NG

若さを保つなら、ドライフラワーはＮＧ！　こだわりがあって置くならいいのですが、ドライフラワーは放置するとホコリがたまりやすい上、枯れた植物のエネルギーを受けてしまい、逆効果です。

美容 11
全体

笑顔が素敵な人になるためにエアプランツを置こう

関係する龍神＝白黒金銀青朱虹＝

自然な笑顔を絶やさない人は、誰からも好かれます。また、その笑顔が起爆剤となって、知らず知らずのうちに良い運を呼び込みます。ただ、笑顔というものは、緊張感のある空間や動きのない空間ではなかなか生まれづらいもの。だからこそ、**笑顔を絶やさない人をめざすなら、部屋の空き空間にエアプランツを飾ってみてください。**

エアプランツは根を生やさない植物で、成長するとどんどん下に垂れ下がっていきます。なかには荒野などをコロコロと転がっていく流動性を持つものもあります。実はこうした性質は、とっても龍神的！　**流動的なものを好む七色龍神さんたちが、思わず引き寄せられてしまう植物**です。また、エアプランツのような、ある意味「生活必需品ではないもの」を飾ることで、空間に遊びが生まれて、気持ちにも余裕が生まれます。**部屋に置いてあるエアプランツを見るたびに、意識的ににっこり微笑む習慣を心がけると、ますます龍たちに喜ばれて幸運体質に近づきます。**

NG

笑顔が絶えない人になるには、無理にミニマルな生活をするのはNG。インテリアを最低限に厳選し過ぎると、笑顔が生まれる余裕がなくなってしまいます。空間にも適度な〝遊び〟を心がけて！

美容 12

家具・インテリア

一目置かれたいなら収納にもこだわりを！

関係する龍神

白　**黒**　金　銀　青　朱　虹

その場にいるだけで、周囲の人から「この人には何かある！」と思わせる雰囲気を作るには、己の内面を深掘りしてくれる黒龍さんの力を借りましょう。黒龍さんを味方につける上でこだわりたいのが、家で使う収納です。収納は部屋の雰囲気を大きく左右する要のような存在。安っぽい収納を使っていると、部屋全体のムードも悪くなって、黒龍さんが近寄ってきてくれません。**値段は安くてもいいので、安っぽく見えない高級感のある収納を選びましょう。**

収納ケースなどは便利なので、１００円ショップや雑貨店などで大量に購入するケースも少なくありませんが、**避けてほしいのがプラスチックの収納ボックスばかり使うこと。**どこにでもあるプラスチックの収納を使い過ぎると、その人自身のまとう雰囲気やオーラも安っぽくて平凡なものになってしまいます。**材質や形状にもこだわった収納を選ぶことで、部屋の雰囲気も変わり、黒龍さんが味方して、周囲に一目置かれる空気感が生まれる**はずです。

NG

収納ケースが多過ぎると物をため込む要因になり、空間の循環を大事にする龍神さんが近寄りづらい雰囲気に。収納ケース自体を増やし過ぎないように、日頃から意識してみてくださいね。

美容 13

家具・インテリア

素敵に年を重ねるなら クラフトマンシップが 光るツールを揃えよう

関係する龍神
白 黒 金 銀 青 朱 虹

若作りをするわけではないけれども、**いくつになってもしぐさや表情の輝きを失わず、キラキラと輝き続ける人。そんなふうに素敵に年齢を重ねたいと思うのならば、自分の中に一本筋が通ったこだわりを持つことが大切**です。そこで心がけてほしいのが、**我が道を行く精神を高めてくれる黒龍さんの御加護を得るために、職人さんが作ったようなクラフトマンシップが光る日常ツールを揃え、使い込む**こと。

爪切りやハサミ、包丁など、職人さんが精魂込めて作った日用品は、手入れさえ怠らなければ一生使えるものばかり。むしろ年を重ねるほどに、良い風合いが出てきて、より手に馴染んでいくケースも多いのです。こうした品を使っていると、黒龍さんが「この家ではこだわりのある日用品を使っているな」と気がついて、家の中に引き寄せられていきます。また、大量生産品ではなくて、**長い間使えそうなアイテムを身近に置くほどに、自分にもその性質が反映されていくので、年を重ねても素敵な人に近づけます。**

POINT

年を重ねても素敵な人になりたいときは、ファストファッションや100円ショップの品など、使い捨て感覚の日用品は減らすほうが吉。「新しければ良い」「若ければ良い」という感覚は捨てましょう。

心が落ち込んだらティッシュカバーを黒革製にチェンジ！

関係する龍神
白 黒 金 銀 青 朱 虹

自分に自信が持てず、心が落ち込んでしまったときは、黒龍さんの力を借りてみましょう。黒龍さんのエネルギーには、その人自身の内面を見つめ直して長所や才能を引き立て、自己肯定感を上げる力があります。**黒龍さんのサポートを受けて心や自信を回復させるには、自分が普段過ごす空間をワンランクアップさせるのが効果的です。**

とはいえ、引っ越しをしたり、インテリアを総取り換えしたりする必要はなく、いつも使っているアイテムにピンポイントで上質なものを取り入れるだけでも十分です。

なかでも**手軽で効果が高いのが、ティッシュカバーを黒革製に替えること。**黒革は黒龍さんの波長と相性が良いので、黒龍さんの前向きなパワーを感じやすくなります。ティッシュは誰もが最低でも毎日１、２回は使う機会があるので、素敵なカバーを目にするたびに、黒龍さんが「あなたはこのカバーを使うのにふさわしい人間だ」とメッセージを送ってくれて、自己肯定感も上がります。

POINT

ティッシュカバー以外のものを変更するならば、布を使ったインテリアなどもおすすめ。テーブルクロスやマット、カーペットなどを上質なものに変更すると、自己肯定感がアップします。

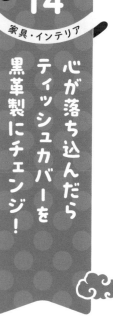

健康

15

家具・インテリア

健康を保つには シーリングファンで 空気の流れを作ろう

関係する龍神 ＝白 黒 金 銀 青 朱 虹＝

健康をキープするのに大切なのが、**空気の流れ。空気の流れを良くするほどに、清浄を好む青龍さんのエネルギーが増していき、健康運をアップ**できます。対策としては、窓を開け放つのが一番ですが、天候や気温、家の構造上の問題でできないときは、**天井にシーリングファンを設置**してみてください。

昔はシーリングファンを取り付けるのが大変なイメージがありましたが、いまは天井に簡単に設置できるタイプも増えているので、手間もさほどかかりません。ただ、羽根にホコリが積もりやすいので、小まめな掃除も忘れずに！

美容

16

持ち物

劣等感を抱いたら 理想の自分の写真を 見えるところに貼ろう

関係する龍神 ＝白 黒 金 銀 青 朱 虹＝

同世代の友達はあんなにキレイなのに、自分は全然素敵じゃない。そんな**劣等感や嫉妬心を抱いたときは、行動力を司る金龍さんと美容運を高める朱龍さんに応援を頼みましょう。**そこでやっていただきたいのが、**理想の自分の写真をスマホの加工アプリなどで作って、見えるところに貼ったり、スマホの待ち受け画面に設定する**こと。

「理想の自分」をいつも目にすることで、金龍さんの行動力と朱龍さんのこだわり力が刺激され、劣等感を抱く代わりに、運動やメイクの研究に目覚めるなど「理想の自分」に近づく意欲がわいてきます。

美容 17

持ち物

夫を若返らせたいなら肌着を新調しよう

関係する龍神　白　黒　金　銀　青　朱　虹

夫がどんどん老けていき、かつての面影は見る影もなし……。**もう少し昔のような若々しさを取り戻してほしいと感じたときは、健康面に配慮してくれる青龍さんと、見た目や外見にこだわりを持つ朱龍さんの力を借りるために、インナーやTシャツ、アンダーウエアなど普段夫が身に着けている肌着を一新してみましょう。**

肌着がボロボロになっても使い続ける人がいますが、**布製品はいろんなエネルギーをため込む**依《よ》り代《しろ》のような存在。神社などでもお守りが布製なのは、特別な効果があるからなのです。肌着は肌に接している分、エネルギーも吸収しやすいため、古いものを使い続ければ、それだけ老いのエネルギーがたまって着ている人に悪影響を与えます。

一方、肌着が新しいものになると、**清浄なものを好む青龍さんとオシャレに関心を持つ朱龍さんを通じて、「若さや外見にもっと関心を持とう」というエネルギーが働き、夫をぐっと若返らせてくれます。**

POINT

肌着を選ぶ際は、手触りやデザイン、素材などにできるだけこだわって。できれば夫自身に自分のお気に入りを見つけてもらったほうが、朱龍さん的なこだわり要素が深まって、若返り度も高まります。

［購入者限定特典］W付録

もっと運気を上げたいなら これ使っちゃお！

インテリアを見直しても、まだちょっと不安……
なんて方のために、スペシャルな付録をご用意しました。
これを使って、もっともっと龍（流）に乗って、運気を爆上げしちゃいましょう！

付録 1 龍神お招き標識（シール）

どんなに龍神さん好みの
インテリアにしても、
来てくれなければ意味ないですよね？
そこで「この家に」「この部屋に」
龍神さんをお招きするための
標識シールを巻末にご用意しました。
家の扉に、持ち物に貼りまくろう！

大：玄関の扉用
玄関の扉に貼って
龍神さんを
お招きしよう！

中：部屋の扉用
招きたい龍神さんの
シールを部屋の扉に
貼ろう！

小：持ち物用
招きたい龍神さんの
シールを持ち物に
貼ろう！

付録 2 龍神開運お守り（ダウンロード式スマホ壁紙）

七色の龍神すべての波動を込めた龍神アートです。
スマホでコードを読み込みダウンロードして、
壁紙にしてください。眺めたり、祈ることで、
龍神さんの御加護が得られますよ。

スマホで読み込んでください

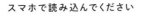

おわりに

ここまで読んでいただきありがとうございます！「最初から最後まで、まずは一気読みしたよ」という方も、「とりあえずパラパラ全体を見て気になる箇所だけ実行してみたよ」という方も、素晴らしいです！　本書をひとまず読んだことも、開運法を実行したことも龍神から見れば「お！　やってるねぇ！」と喜ばしいこと。

とにかく、実行すること。これが大事なんです。完璧にすべて実践しなきゃ！と思わなくていいので、まず自分にすぐできることから「やる」。いますぐにでもできることを1つでも2つでもやってみましょう。

龍神は流れの神様。流れを作るイコール動くことです。たとえば、学校のプール授業で、流れるプールを作るという作業を経験したことはありませんか？　みんなが一方通行でぐるぐるプール内を回りながら動くことで大きな流れができます。私はあの作業がとっても好きだったんですが、たとえ小さな力でも動き続けることでものすごい流れを作ることができる感覚と、その流れに身を任せて楽々流れていく感覚が爽快でした。

とにかく流れを変えたい！　停滞期を抜け出したい！　龍神様の流れを味方につけたい！と思ったら、一番いいのが『どんなに小さくても動く』なんです。本書では比較的実践しやすい方法ばかりをご紹介していますので、特に気になっているお悩みや、開運したい項目について、まずいまできそうだと思えたものから、やってみましょう。そして、準備が必要でいますぐできない開運法については、

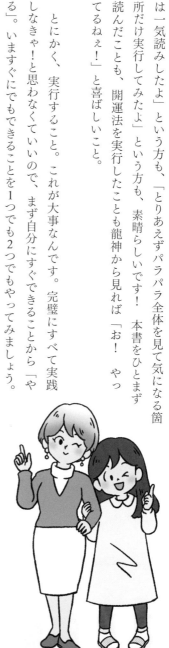

それを「いつ」やるか、カレンダーにチェックしておきましょう。「いつやるか決める」ことも、「いまできることをやった」ことになります。いまできることをやってみる素直な姿勢こそ、龍神様がニコニコしてくれるポイントです（笑）。

私は龍神様のおかげで、人生がグルッと不幸から幸福へ、貧乏から裕福へと引っくり返ったので、ぜひあなたにも本書のちょっとしたコツや心がけを身につけて、不安も心配もいらない、大安心の毎日を過ごしてほしいなと思います！

また、自分大好きもっちーのYouTubeやTwitter、Instagramなどで、ほぼ毎日、ハッピーな流れを発信し続けていますので、まず「見るだけ」「聞くだけ」でも大丈夫ですから、自分の幸せや大切な人の幸せのために、できることをどんなに小さくても「実行」してみてください。その自力本願が1でも2でもあれば、龍神様や宇宙からの掛け算（他力本願）で、ありえない奇跡が本当に起きるから、絶対にそれを体感してほしいんです！

それでは最後に、あなたに強力な設定をかけます。

「あなたは龍神様に愛され導かれました。ここから、超特大ミラクルハッピー右肩上がりの人生が確定しました！」

ありがとうございました！

自分大好きもっちーこと　望月彩楓

龍神別索引

お気に入りの龍神さんから運気を上げる方法を探すときにご活用ください

白龍

黒龍

金龍

銀龍

望月彩楓（もちづき・あやか）

スピリチュアルYouTuber、霊能者。

40万人登録スピリチュアルYouTuber、ベストセラー作家、波動画家。

幼少期より、神社へ行けば神様らしき存在からメッセージを受け取り、空を見上げれば龍神らしきものが見えた。しかし、天から受け取ったメッセージや霊視のビジョンをダイレクトに友達や大人に伝えたところ、図星をついて怒らせてしまう。そのため高次の存在を素直に信じ受け入れられず、反抗的な気持ちで霊的存在を無視するようになった。やがて現実的に法学部へ進学、一般企業へ就職するも過労で退職。何もかもうまくいかなくなったとき、自身の指導霊である白龍神より「いっそ逆をやってみよ」との導きを受け、これ以下になることはないだろう！と覚悟を決めて、一番自分のなかで「やりたくない」と思っていたスピリチュアルカウンセラーへと転身した。すると口コミで人気は広がり、16年間で1万6000人を個人鑑定後、現在はスピリチュアルYouTuberとして計40万人の登録者数を誇るチャンネル【自分大好きもっちー】【交神者もっちー】【占いもっちー】【見るだけでもっちー】を運営。「歩く神様」「動画を見ただけで奇跡が起きた」とYouTubeコメント欄騒然の圧倒的な人気を誇る。著書は、『ミラクルばかりの幸福な人生に変わる 七龍神の開運お作法』『「きみが地球の救世主に選ばれたのだが、やるかね!?」by宇宙人アイン』（以上、KADOKAWA）、『ズルいくらい簡単！ 宇宙一幸せな私になる魔法』（宝島社）、『自分大好きもっちーが明かす どんどん奇跡が押し寄せる！ 369の秘密』（日本文芸社）など多数。

［STAFF］
ブックデザイン　喜來詩織（エントツ）
DTP制作　アーティザンカンパニー
イラスト　赤間齊子
校正・校閲　小出美由規
編集協力　藤村はるな

七色龍神の開運インテリア

発行日　2023年5月10日　初版第1刷発行

著　者　望月彩楓
発行者　小池英彦
発行所　株式会社扶桑社
〒105-8070　東京都港区芝浦1-1-1 浜松町ビルディング
電話 03-6368-8870（編集）03-6368-8891（郵便室）
www.fusosha.co.jp
印刷・製本　大日本印刷株式会社

　ISBN 978-4-594-09462-1